뿌리다와 탕탕의
어쩌다 중미

초판 1쇄 인쇄 | 2018년 8월 10일
초판 1쇄 발행 | 2018년 8월 15일

글·그림 | 강미승
사　진 | GAILLARD hervé · 강미승
펴낸이 | 김휘중
펴낸곳 | 위즈플래닛
주　소 | 서울시 양천구 목동 923-14 현대드림타워 1307호
　　　　경기도 고양시 일산서구 덕산로195 114-3(물류-신한전문서적)
전　화 | (직통) 070-8955-3716 / (주문) 031-919-9851
팩　스 | 031-919-9852
등　록 | 2012년 7월 23일 제2012-25호
정　가 | 15,000원
ISBN | 979-11-88508-07-5　03940
인스타그램 | https://www.instagram.com/wizplanet_book/
페이스북 | https://www.facebook.com/wizplanet

Published by Wiz Planet, Inc. Printed in Korea
Copyright ⓒ 2018 by 강미승 & Wiz Planet, Inc.

이 책의 저작권은 강미승과 위즈플래닛에 있습니다.
이 책은 저작권법에 의해 보호를 받는 저작물이므로 무단 복제 및 무단 전재를 금합니다.

※ 잘못된 책은 바꾸어 드립니다.

prologue

뿌리다와 탕탕의 어쩌다 인연

　업무 과다에 장기 여행은 다음 생으로 미루던 뿌리다. 실크로드를 따라 늦깎이 장기 여행을 하던 탕탕. 둘은 키르기스스탄의 국경 마을 오쉬에서 남남 여행자로 만났다. 약 2시간 맥주를 마셨다. 탕탕의 why not 정신에 놀란 뿌리다는 서울에서 탕탕을 다시 상봉한다. 한국 가이드엔 젬병인 뿌리다는 탕탕을 제주로 호송 조치한다. 가이드 뺨치는 친구가 있었기 때문이다. 어느 해 마지막 날, 친구마저 연애에 바빠 나 몰라라 하고 제주의 후미진 바에서 둘은 본의 아니게 밀담을 나눈다. "네게 시간이 주어진다면 뭘 하고 싶어?"란 탕탕의 질문에, 뿌리다는 장기 여행이라 답한다. 다음날 여느 때와 같은 아침이나 새해였다. 더딘 로딩 속도를 자랑하는 뿌리다의 컴퓨터에선 윈도우 로고가 팔랑거리고, 새해 얼굴치곤 처량한 얼굴이 까만 화면을 채우고 있는 중이었다. 그 순간, 번쩍! 청명한 마음의 소리. '떠날 때가 되었느니라.'

　얼핏 보면 운명의 장난 같다. MSG를 넣으면 로맨스도 될 법하지만, 애초 그런 건 쏙 빠졌다. 떠나서 안 맞으면 찢어지자 합의 봤다. 애초에 뿌리다의 주장 아래 장기 여행의 얼굴마담인 남미를 택했으나 멕시코로 입항한다. (현재 한국에서 입선 금지된) 화물선을 타고 16일간 태평양을 건넜다. 그로부터 좌충우돌 스펙터클 찌질 버라이어티를 찍는 여행을 한다. 그리고 1년 10개월 후 같이 돌아왔다. 볼 거 못 볼 거 다 보면서 부부보다 더 꼭 끼인 삶을 살아냈다.

현재 뿌리다와 탕탕은 제주에 산다. 뿌리다는 여행 전 밥벌이인 기획과 글로 연명하면서 텃밭에 집착하고 있다. 포토그래퍼 탕탕은 뿌리다의 노예 생활 중이다. 요리하고 리모델링하고 운전하고 뭐든 잘한다(아, 한국어 구사만 빼고). Not Alone Here라는 에어비앤비를 운영하며 번 돈을, 손님 초대비로 탕진 중이다. 혹 둘의 다른 여행기나 제주 정착기가 궁금하다면, 한국일보(온라인)의 '뿌리다와 탕탕의 지금은 여행 중'에서 훔쳐볼 수 있다.

잡생각이 많아질 때면 이들이 중얼거리는 말. "Only one life!"

contents

멕시코(1)
MEXICO

- 메트로폴리탄 속 미스터리 / (과달라하라) 14
- 현지인도 잘 모르는 섬에 뚝 떨어졌다 / (멕시칼티탄) 19
- 대체 무슨 일이 벌어지고 있는 거야? / (마사틀란) 24
- 기묘한 시간 기차의 변주곡, 체페 / (로스모치스 – 아레포나푸치) 29
- 두 마리 똥개와의 본격 서스펜스 트레킹 / (바랑카스델코브레) 34
- 외딴 마을에 발이 꽁꽁 묶였다 / (바토필라스) 40
- 여기 모든 테이블에 테킬라 한 잔씩 돌려주세요 / (치와와) 44
- 오동통한 게 좋아 / (사카테카스) 48
- 투우에 관한 개똥철학 / (아과스칼리엔테스) 51
- 천국에서 맛본 지옥행 / (과나후아토) 57
- 저마다 사람 하나쯤 가슴에 묻고 온다 / (산미겔데아옌데) 61
- 둘이 여행한다는 것, 그 시험대 / (멕시코시티) 65

쿠바(2)
CUBA

- 쿠바에서 생긴 일 / (쿠바 전역) 74
- '아름다운' 쿠바를 시작합니다(feat. 파포의 데이트) / (비냘레스) 80
- 이사벨 아줌마를 찾아주세요 / (트리니다드) 84
- 엉덩이가 불쌍해. 말 마차에 몸을 싣고 / (히바라) 90
- 거지 옷을 입은 왕자 도시 / (산티아고데쿠바) 94

멕시코(3)
MEXICO

또, 여권이 없어졌다 / (쿠에르나바카) 100

러브모텔에서의 한 달 / (멕시코시티) 104

우리가 사모했던 모든 것 / (멕시코시티) 107

식탐 폭발 경보 / (와하카) 111

어느 히피 낙원에서 / (마순테) 116

낙원으로부터 2% 부족할 때 / (산크리스토발데라스카사스) 120

우리는 배다른 가족 / (산로렌조시나칸탄) 124

오후 4시 전, 이곳을 떠나야 한다 / (산후안차물라) 129

인디오와의 접선 공작 / (산후안차물라) 133

내 생애 가장 많이 울던 날 / (산후안차물라) 137

저 비가 나를 가로막겠어 / (툴룸) 141

나는 불법 체류자다 / (체투말 - 산페드로) 146

벨리즈(4)
BELIZE

루피타의 불법 체류자 구원기 / (체투말 - 산페드로) 154

카리브해의 게으른 여행자처럼 / (키코커) 158

과테말라(5)
GUATEMALA

마음의 소리를 듣고 싶다면 / (티칼) **170**

그의 생일, 세상에서 가장 말도 안 되는 투어 / (세묵참페이) **172**

여행자이길 포기합니다 / (산페드로라라구나) **177**

뒷모습은 거짓말을 하지 못한다 / (아티틀란 호수) **182**

시장이라 할 수 없는 이유 / (치치카스테낭고) **187**

호갱님 취급? 경찰 불러 / (안티과) **192**

광기와 만취, 그 축제에 관한 사진 기록 / (토토스산토스쿠추마탄) **197**

검은 피부가 건널 수 없었던 문턱 / (리빙스톤) **204**

온두라스(6)
HONDURAS

세상이 'O'이 된다면 / (라고데요호아) **212**

무적 강적, 쓰레기와의 전쟁 / (에란디케) **216**

같은 날, 태어난 사람과의 작별 / (코판루이나스) **220**

오늘 뭐 먹지? 여행자의 레시피 / (온두라스 전역) **224**

'미션 임파서블' 국경 대장정 / (코판루이나스 - 후아유아) **228**

엘살바도르(7)
EL SALVADOR

치유란 이름의 버스 여행 / (루타데라스플로레스) **238**

후아유아 vs 아타코 풍경 맞짱 / (루타데라스플로레스) **244**

민트 아이스크림이 화산에 녹는다면 / (산타아나) **246**

속은 천국, 겉은 지옥 / (산살바도르) **251**

여행에서의 피크닉 / (수치토토) **255**

니카라과(8)
NICARAGUA

여행에도 휴가가 필요하다(feat. 비자 연장하기) / (라스페니타스) 264

세상에서 다소 밍밍한 크리스마스 / (그라나다) 268

자전거 타고 돌아보자, 섬 반 바퀴! / (이슬라데오메테페) 271

오토바이가 부른 죽음의 맛 / (이슬라데오메테페) 276

초보 정글 여행의 개막전 / (리오산후안) 282

모기와의 맹렬한 사투 / (로스구아투소스) 286

간밤에 내게 인사 온 밤비, 꿈인가 생시인가 / (마켄구에레서브) 290

코스타리카(9)
COSTA RICA

어마어마하게 비싼 나라에 도착했다 / (로스칠레스 – 산타엘레나) 300

자연의 화려한 쇼는 막 시작되었다 / (카우이타) 304

파나마(10)
PANAMA

늘어진 고무줄처럼, 그런 인생 / (이슬라바스티멘토스) 316

하필이면 오늘, 그가 사라졌다 / (파나마시티) 321

과달라하라 _ 멕시칼티탄 _ 마사틀란 _ 로스모치스 _ 아레포나푸치 _ 바랑카스델코브레 _ 바토필라스

치와와 _ 사카테카스 _ 아과스칼리엔테스 _ 과나후아토 _ 산미겔데아옌데 _ 멕시코시티

과달라하라
✈ *Guadalajara*

메트로폴리탄 속 미스터리

과달라하라(Guadalajara)

    멕시코에서 우리가 기대한 것은 철딱서니 없게 타코다. 원산지에서 맛보는 원조의 맛이라니! 황량한 만사니요의 거리에서 맛본 타코에 소름이 끼쳤다. 최고의 타코였을 리 만무하다. 오히려 장염을 불러일으킬 위생 상태였다. 16일간 프랑스 국적의 화물선으로 태평양을 건너온 우리가 아니던가. 화물선 내 프랑스 정찬에 단단히 물린 데다가(미안해요, 셰프) 첫발을 내딛는 기대감이 일으킨 화학 작용이 첫 타코 맛의 완성체였다.
    본격적인 우리의 첫 행선지는 과달라하라. 멕시코 중서부 할리스코 주의 주도라는 이름값을 톡톡히 하는 메트로폴리탄, 멕시코 제2의 도시다. 과달라하라행 버스 안은 레즈비언 커플의 쪽쪽대는 뽀뽀 세례로 들썩였다. 그렇다. 우린 게이와 레즈비언의 성지로 이동 중이다. 그들을 극구 거부하는 카톨릭교가 약 83%에 달하는 멕시코에서 또 다른 의미의 성역이었다.

과달라하라는 각본이 아주 잘 짜여진 영화 같았다. 대성당 주변의 올드 타운을 중심으로, 새로 모던하게 설계된 거리 차풀테펙과 수공예품의 천국인 트라퀘파퀘로 사이좋게 찢어져 있다. 그 속을 병든 사람의 보호 단지인 호스피시오 카바냐스와 어딜 가나 나침반이 되어주는 과달라하라 대성당, 싸고 많고 시끄럽고 넓은 산 후안 데 디오스 시장, 그리고 단테의 신곡을 압도적으로 그려낸 테아트로 데고야도 등 방대한 콘텐츠로 꽉꽉 채운다.

과달라하라
✈ *Guadalajara*

과달라하라는 볼수록 영리했다. 무조건 신식으로 때려부수는 무자비는 없다. 16세기 스페인 식민지의 생채기를 21세기 카페와 숍, 박물관으로 어떻게 해석하고 이용하면 좋을지를 기막히게 잘 알았다. 무엇보다 지도에 따라 예상하는 그곳에 그것이 있다(중남미에서 이게 얼마나 어려운 일인지 알게 될 것이다)! 187.9㎢ 면적에 150여 만 인구를 수용한 이곳은 사계절 내내 부는 산들 바람을 닮아 콧노래를 불렀다. 게임하듯 명소를 찾으며 우리의 키도 조금 작아졌다. 동심을 찾기에는 그른 나이지만, 만렙의 아드레날린은 콸콸 쏟아졌다.

하루, 이틀… 과달라하라 속 알싸한 의문이 우리를 휘감는다. 한번은 빈티지한 건물의 전경을 찍기 위해 차도 한복판에서 예술혼을 발휘하고 있었다. 역지사지 입장이라면, 클랙슨에 불이 나도 모자랄 판에 운전사는 가녀리게 웃고만 있다. 바보인가? 보행자 도로에서도 마찬가지다. 사진을 찍으려 하면 행인이 앞다투어 카메라 앞을 가로막는 게 관광지의 순리다. 생경하게도 사진에 종종 출연하는 불청객 머리를 찾을 길 없다. 그때 샛눈으로 보.았.다. 사진 찍기를 끈기 있게 기다리거나 허리를 과격하게 구부리는 고생길을 택하는 성자들을 말이다. 짐짓, 영화 〈트루먼 쇼〉가 연상됐다. 이 상황, 가짜 아냐? 설마 설까, 표식 하나 없는 버스 정류장에 서 있으면 실제로 원하던 그 버스가 왔다. 어째, 수상한데.

테킬라 잔을 앞에 두고, 우리는 이 친절한 아우라의 이유를 뿌리 깊이 고민했다. 그 결론.
첫째, 멕시코인은 본능적으로 친절하다.
둘째, 외국인에게 친절함을 보이라고 어릴 때부터 국가 차원에서 교육 받았다.

과달라하라
+ Guadalajara

    밤은 기울고 성당이 그린 그림자 아래 누군가 세레나데를 부르고 있다. 어쩌면 파리에 장기간 투숙했던 '낭만'이란 명패도 과달라하라에 양도해야 하는 지도 모른다. 급기야 행인을 방해할까 두리번거리며 사진 찍기를 망설인 순간을 떠올렸다.

    아, 이 말도 안되는 풍경이 여기 멕시코 과달라하라에서의 실제 이야기다.
    어째, 시작이 좋다.

현지인도 잘 모르는 섬에 뚝 떨어졌다

멕시칼티탄(Mexcaltitan)

아마도 결정 장애자에게 최대 치유약은 여행일 것이다. 어디서 자고, 먹고, 놀 것인지 매일 하루의 밑그림을 새로 그리는 건 오롯이 여행자의 몫. 선택은 생존이다. 그로 인해 때로는 더럽게 재수가 없고, 때로는 횡재를 만난다. 우리가 멕시칼티탄을 선택한 이유는 일자무식, '잘 몰라서'였다. 푸에르토바야타에서 만난 호텔 주인의 극찬 이후로 현지인의 반응은 묘연했다. 누구는 더럽다고 치부했고, 누구는 처음 듣는다고 한다. 척척 펼쳐진 멕시코에 유일한 구멍을 낸 섬. 어떻게든 되겠지. 포기를 빙자한 희망이었다.

"멕시칼티탄?"

"네(Si)!"

멕시칼티탄
+ Mexcaltitan

    섬으로 가는 육지의 종착지인 라바탕가에 도착하자 검은 손이 배낭을 낚아챘다. 이건 잠수함인가. 보트는 이미 현지인과 짐으로 포식한 상태다. 길게 바다에 포물선을 그리며 익사체의 공포를 안고 닿은 섬. 예상 밖이다. 온몸을 스캔하는 현지인의 시선도, 코끝을 아리는 비린내도, 색동옷을 입은 집도 성급한 안도감을 주었다. 정체 모를 불안도 잠잠해졌다.

    멕시칼티탄은 1091년 아즈텍 족의 고향이자, 그들의 후예라 믿는 이들이 정박한 인공 섬이다. '왜가리의 땅' 혹은 '달의 집'으로, 어여쁘게 풀이되어 왔다. 서로 부둥켜안은 타원 모양인 이유도 알 것 같다. 마을 주민은 어제 옆집에서 싸운 이유까지 속속들이 꿸 정도로 한 가족이다. 이곳의 밥벌이는 새우잡이. 한 가정당 도시의 자동차 대신 한 척 이상의 배를 소유한 이곳을, 별명 붙이기를 좋아하는 이들은 '멕시코의 베니스'라고도 했다. 부디 '오 솔레미오'는 부르지 말기를. 우기 시 침수의 여파로 걷기 대신 배가 그들의 유일한 이동 수단인 까닭이다. 어느 집이든 4~5개 남짓한 계단 위로 세워진 것도 이들의 생존법인데, 건기인 현재를 안심한다는 듯 집마다 흔들의자는 문지기처럼 놓여 있었다.

    이곳에서 우리가 가장 좋아한 건, 진정한 안주인인 새를 조우한 일이다. 멕시칼티탄의 새는 겁 없는 무법자다. 사람을 두려워하는 법이 없다. 오전이면 어선의 꽁무니를 졸졸 따라 다니고, 오후면 지붕 처마에서 거만하게 몸을 키웠다. 해질녘 즈음엔 서식처에서의 애정 행각으로 세상을 다 가진 척했다. 밥 먹는 식탁 뒤로 번지수를 잘못 찾은 따오기가 제 먹이를 찾았다. 자기 입보다 3배나 큰 물

고기를 덥석 문 푸른 왜가리만이 먹이를 빼앗길까 우리를 피해 무용수처럼 어선을 넘나들 뿐. 오히려 거절당한 기분이다. 덕분에 다큐멘터리 감독 뺨치게 관찰했다. 까마귀가 저마다의 얼굴이 다름을, 사다새가 얼마나 요염하게 엉덩이를 차는지를, 검둥오리가 개처럼 수영하는 재치가 있음을 책이 아닌 두 눈으로 황송하게 배웠다.

그날 저녁, 과식한 배에 미안해 크게 섬을 돌기로 했다. 그래 봤자 30분도 안 걸리는 베네시아 길 산책이다. 5분쯤 되었을까. 낮과 다를 바 없이 여기저기 컨트리 음악이 진통을 했지만, 걸을수록 사정없이 튕겨지는 기타 줄에 전율이 일었다. 2명의 아저씨 밴드, 그 앞으로는 맥주병을 든 대가족의 일거수일투족이 시야에 잡힌다. 그래, 멕시칼티탄의 안녕을 기원하는 떠돌이의 무위라 하자. 우리도 모르는 사이 손엔 맥주병이 들려지고, 흥에 겨운 우리의 손가락은 사정없이 하늘을 찌르고 있다. 초점 잃은 플래시는 곳곳에서 터졌다. 언어의 한계가 마모되며, 우린 같은 별과 시간을 공유했다. 77세 대부인 할아버지는 맨발로 달려가 늦깎이 아들을 꼭 껴안았고, 그들의 깊은 포옹은 꽤 오랜 시간이 걸렸다. 아비의 눈엔 끝내 밤하늘의 별보다 촉촉하고 빛나는 별이 맺혔다.

"안녕(Adios)!"
그들은 돌아서는 우리에게 인사했지만, 우린 당신과 이곳을 놓아줄 생각이 없다. 이곳에 오지 않은 걸 상상할 수 없는 밤이었다.

 멕시칼티탄
+ *Mexcaltitan*

IL DIT

MIAM MIAM

대체 무슨 일이 벌어지고 있는 거야?

마사틀란(Mazatlán)

우리는 졸지에 촌년과 촌놈이 되었다. 적응력 하나는 소문난 우리에게 마사틀란은 힘겨운 대도시였다. 탱자탱자 놀던 멕시칼티탄 여행 후유증이다. 숙소 찾는 일부터 제동이 걸린다. '없어.'라 단호박 자르는 그들의 눈빛 속에서 멕시칼티탄 할배의 주름이 빗금을 그렸다. 여문 여름이란 성수기가 당도하기도 전인데, 무슨 일일까. 해변을 낀 올라스 알타스 거리는 가히 무아지경이다. 한낮에도 빠르게 맥주 잔이 비워지고 가죽 점퍼와 부츠를 장착한 바이커의 건방진 엔진 소리에 혼이 나갔다. 땀띠는 안 나나… 세상에서 가장 쓸데 없는 게 남 걱정이다. 우리 코가 석 자였다. 오늘밤 거리에서 밤을 지샐 일 따윈 너무 이른 경험이었다.

세마나 데 라 모토(Semana de la moto)라 했다. 우락부락한 사내로 도배된 포스

　터를 보았다. 말하자면 마초들의 불야성, 모터바이크 주간이다. 바이커가 전세 낸 이 도시에서, 좁고 더러운 숙소만이 우리 차지였다. 위로가 있다면 단연 해산물 음식이다. 피노 마켓 시장 앞 한 포장마차. 로버트 다우니 주니어를 닮은 셰프는 날렵한 칼 놀림 묘기를 부리고 있었다. 한동안 넋을 놓고, 침도 흘렸다. 하긴 마사틀란은 태평양의 진주이자 새우의 수도가 아닌가. 타코도 육지의 고기가 아닌 바다의 해산물로 속을 듬뿍 채운다. 탱탱한 새우와 낙지, 가리비가 듬뿍 든 캄페차나와 새우 칵테일이라 으음~! 무엇보다 숙소로 빠르게 돌아갈 이유가 적어져 행복했다.

　어둠이 몰리기 전 서둘렀다. 이곳 체류가 사흘로 길어지면서 습관처럼 한 일이다. 오후 6시가 가까워지면, 무조건 해변 앞에 당도해야 한다. 하루는 애꿎게 전력 질주도 했다. 100m 전방에서 신호가 왔다. 헤비급으로 강해진 모터 바이크

마사틀란
✦ *Mazatlán*

의 굉음과 음악으로 발끝에 찌릿찌릿 전기가 오른다. 짠! 바이커가 나가신다, 길을 비켜라!

각기 치장한 바이커는 태평양을 끼고 행진 중이다. 트럭 위로 모터바이크를 탄 비키니 차림의 라틴 걸이 긴 머리를 찰랑인다. 오토바이와 섹시의 상관 관계, 꽤나 예상된 장면이다(질투가 아니다). 그 뒤로 유머가 훅 치고 들어온다. 60대 노인이 다스베이더 가면과 함께 형광색 모터 바이크를 몰거나 건실한 청년이 네 살배기에게나 맞을 법한 미니 모터 바이크를 택해 재치를 부리고 있었다. 키득키득거렸다. (믿기지 않겠지만)수줍음 많은 나도 엄지손가락을 척 들었다. 인종과 나이를 잊은 이들의 축제는 그들만의 것이 아니라 석양을 기다리는 우리 모두의 것이다.

마사틀란
✈ *Mazatlán*

    시간은 모두의 얼굴에 짙게 그림자 가면을 씌웠다. 이곳에 모여든 까닭이자 마사틀란을 손꼽는 첫 번째 이유가 고개를 드는 시간이다. 지는 해는 떠나기를 아쉬워한다. 하늘과 바다에 붉은 채도의 마블링을 그리며 뜨거운 안녕을 했다. 이 앞에 선 누구나 표현의 한계를 느낄 것이다. 자연보다 더 아름다운 자연을 그렸던 화가 모네도, 과학자만큼 명확한 표현력의 소설가 베르나르 베르베르도, 자연을 노래해야 한다고 한 시인 김환기도. 곁에 선 지구별 여행자이자 포토그래퍼인 탕탕도 이제껏 단 한 번도 보지 못한 풍경이란 감탄사를 아끼지 않는다. 어찌 석양은 눈감는 시간조차 아까울 정도로 촌각을 다퉜을까. 그 누구도 석양에 등을 돌릴 구실을 찾진 못했다. 더군다나 우리는, 후진 숙소로 돌아갈 일이 아득했다.

    "탕탕, 딱 한 잔 하고 갈까?"

기묘한 시간 기차의 변주곡, 체페

로스모치스(Los Mochis)-아레포나푸치(Areponápuchi)

"체페를 타지 않으면, 넌 결코 멕시코를 여행하지 않은 것과 같아."

탕탕의 친구, 속칭 멕시코 '빠돌이'가 한 이야기다. 이런 호언장담이 싫었다. 아니 경멸했다. 한 나라의 여행을 하나의 볼거리로만 일축하다니, 여행의 참 맛과 절교하는 행위가 아닌가. 그건 범죄에 가깝다고 생각했다.

그런 주체성이 투철한 나, 체페를 탔다. '유일한'에 사족을 못 쓴 탓이다. 체페는 멕시코 북부 바랑카스델코브레(=코퍼 캐년)의 숨통을 잇는 58년 전통의 산악 열차다. 673km의 철로, 37개의 다리, 86개의 터널, 그리고 100년 이상의 건설 시간이란 기록을 보유한다. 현재 멕시코 대중교통의 주도권을 버스가 꽉 쥐게 되면서, 체페는 멕시코의 '마지막' 승객 열차라는 훈장까지 달고 있다. 도시와 산골을 애틋하게 중매하는 구식 기차라…. 북미의 가장 큰 사막을, 깎아 내린 계곡 구석구석을

로스모치스 - 아레포나푸치
✦ *Los Mochis - Areponapuchi*

아찔하게 달릴 것이다. 깊고 숨기 좋은 아지트, 왠지 모를 우리의 땅이 있을 거란 묘한 미래가 있었다.

체페는 로스모치스에서 출발했다. 새벽부터 첫 열차를 타기 위한 신경전이 시작된다. 습한 좀비 도시 같던 로스모치스의 생존자는 죄다 철도역에 모인 모양이다. 예매 안 한 이 넉살 좋은 여행자를 위한 티켓이 있을까? 매표소는 두 곳, 기차의 타입대로 분리됐다. 이코노믹 클래스와 그의 두 배 가격을 호가하는 프리메라 익스프레스 클래스. 후자는 빠르고 편리했다. 잊지 말라. 우리는 이미 편의를 버리기로 한 불편한 여행가다.

열차는 구식답지 않게 출발 시각에 정확히 기적 소리를 울린다. 거칠고 투박한 진동이었다. 요람처럼 좌우로 흔들리는 다소 우스운 체감 속에, 열차 내는 현지인과 여행자가 극명하게 구분된다. 현지인은 자고, 외국인은 두리번거린다. 후자인 나 역시 의미 없는 고개를 돌렸고, 탕탕은 새까만 밤에 뭘 보겠다는 심보인지 객실 간 오픈 통로에 자리를 잡았다. 모든 게 과거 같았다. 미로처럼 엉킨 잔 나뭇가지와 멀리 수묵화가 된 산 능선의 조화, 바람만 있던 사막 위 꼬마의 느린 손 인사, 조금 열어놓은 차장으로 들어온 바람에 따라 날리는 여인의 머리카락. 익숙하면서도

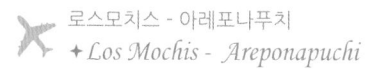

로스모치스 - 아레포나푸치
✈ Los Mochis - Areponapuchi

낯선, 어떤 추억을 재생하는 기분이다.

로스모치스에서 엘푸에르테 역까지는 잡생각이 풍경을 이긴다. 푸에르테 강을 지나자 사정은 크게 달라졌다. 체페의 변속 때문이다. 규칙적이게 느리던 기차가 이내 산의 폐부로 성급히 뛰어 들어갔다. 이 열차, 노장의 힘이 있다. 하늘과 가까워질수록 가속 행진이다. 그때부터 선인장 위로 농염하게 핀 꽃 세례가 시작됐다. 계절의 변주도 함께. 기차와 부딪히며 새소리를 내는 잔가지는 여름이요, 울긋불긋 붉은 나염이 풀린 나무는 가을이요, 몸매를 뽐내는 헐벗은 암벽은 겨울이요, 경치에 탄복해 희희낙락하는 탑승객의 웃음은 봄이었다. 3월임에도 사계절이 기차와 같은 시각을 달렸다.

야속한 것이 있다면, 체페의 짓궂은 장난이다. 늘 경이로운 풍경 앞에서는 속도를 냈다. 카메라를 들면 원하던 풍경이 이미 지나가고, 카메라에 남은 건 초현실주의 사진 뿐이다. 그도 아니면 터널이, 잔가지가, 절벽이 약속한 듯 시야를 가로막는다. 잡고 싶지만 놓쳐버리고 마는 아련한 풍경들. '버리기'를 아는 노부부가 한 마디를 거들었다.

"10년 전 내가 이 기차를 탔는데, 똑같아. 늘 아쉽지."

체페를 타고 대부분 여행자는 크릴에 당도한다. 그곳을 가기 전, 기차 푯말은 '해발 2228m, 아레포나푸치'를 알린다. 사람 사는 마을이 철도 곁이고, 이만 내려도 좋겠다는 신호가 왔다. 이 마을에 내린 단 2명의 이방인. 예상할 수 없는 미래가 눈앞에 있었다.

자, 어디 한번 시작해 볼까.

두 마리 똥개와의 본격 서스펜스 트레킹

바랑카스델코브레(Brrancas del Cobre)

변죽 좋던 체페의 계절이 떠나자, 아레포나푸치는 완연한 겨울이다. 역에 떨궈진 우리, 뼛속까지 카우보이인 한 할배가 쓱 다가온다. 과묵한 그의 손가락이 가리킨 건 봉고차 위로 붙은 Cabañas Diaz란 광고. 차에 몸을 싣고 이대로 납치되는 게 아닐까 의심이 들었다. 인적 없는 마을 풍경 때문이다. 이내 먼지 바람을 날리며 닳은 석판 지붕의 산장, 일상과 단단히 절연한 듯한 그곳. 평온했지만, 그래서 더 불길했다.

아레포나푸치는 바랑카스델코브레의 심장 안쪽에 있는 '깡촌'이다. 2,228m 위에 떠 2천 명 정도의 주민이 산악을 전세 낸 기분으로 외떨어져 살고 있다. 마을은 부재의 절정이다. 레스토랑도, 카페도, 병원도, 그 흔한 광장도 없다. 크게 U자형으로 마을을 관통하는 포장도로가 유일한 자랑거리다. 의지와 용기, 희망은 생략

된 마을이었다. 지도상에도 표기되지 않은 이곳에서 우리가 사라진다 해도 아무도 모를 일이었다.

　아침 일찍 바랑카스델코브레로의 채비를 서두른다. 산장으로부터 1시간여, 본격적인 협곡 트레킹이 시작됐다. 오만하거나 어리석거나, 바랑카스델코브레는 '밑장부터 까고' 시작한다. 보통 고생 끝에 감동으로 이어지는 트레킹 계의 혁명이랄까. 하이라이트부터 선보였다. 호위병처럼 직립한 나무들이 줄지어 선 비포장 길 끝, 너비도 깊이도 가늠할 수 없는 교차 협곡의 으리으리한 풍경이다. 바람의 시간에 생채기 난 암벽과 우주에서 불시착한 바윗덩어리가 구름의 움직임에 따라 숨었다 보였다 숨바꼭질하는 모습이다. 양팔을 벌려 두 눈을 감았다. 바람이 몸을 밀어냈다. 두 눈에는 잔상이 그려질 만큼 생생한 감동이다.

　몇몇 인부가 트레일이라고 가리킨 길로 진입한다. 똥개 두 마리가 졸졸 따라왔다. 서툰 우리가 답답한지, 아예 선두에 나섰다. 오르락내리락 직립 보행자에게는

바랑카스델코브레
✈ *Brrancas del Cobre*

힘겨운 자갈길의 연속이다. 바위를 허들처럼 넘어야 하거나 헛디디면 황천길이다. 전망은 정상에서 보았던 풍경을 하나하나 해부해 뜯어보는 판이었다. 아득하던 교차 협곡은 봉긋한 가슴 형태의 협곡으로 겹겹이 이어지고, 그 가슴골 사이로 손바닥만한 돌로 땅 표시를 한 인디오의 벽돌집이 세워져 있다. 그리고 매몰찬 바람이 멈춘 그 지점. 협곡 안쪽이었다. 병풍처럼 둘러싼 협곡의 한 가운데 우리만 섰다. 두려울 정도로 무소음이다. 잿빛 그림자에 불과했던 바위가 저마다 사연 있는 듯 켜켜이 몸을 세우고, 바위 틈을 비집고 우뚝 선 선인장과 사막 식물은 위용을 과시했다. 카우보이 할배의 모자를 훔쳐왔어야 했나. 직사광선이 내리쬐고 걷는다는 감각이 없어질 즈음, 오늘의 출발 지점으로 돌아가기 위한 케이블카가 하늘에 점처럼 찍혀 있었다. 젖 먹던 힘까지 써야 해! 똥개는 가이드로서는 결격이다. 전속력으로 앞질러갔다.

케이블카에 가까워지면서 정상 탈환의 기쁨도 잠시, 우리의 시선은 애꿎게 한 인디오 사내의 발에 꽂혀 있다. 바위와 바위 사이 아슬아슬한 나무 사다리에서 그는 홍길동처럼 날아다녔다. 20kg짜리 흙 포대를 진 사실을 무시하더라도 놀라웠다. 그의 힘을 받쳐줄 발에는 폐기 처분 직전의 샌들 한 짝뿐. 우아라치스라 불리는 그 샌들은 멕시코에서 가장 큰 인디오 부족을 이루는 타라우마라족의 고향에 우리가 상륙했다는 신호였다.

타라우마라족은 인류 역사상 달리기의 신으로 불리는 부족이다. 아예 '달리는 사람들'을 뜻하는 라라무리가 그들의 다른 이름이기도 했다. 크리스토퍼 맥두갈의 책 〈본투런Born to Run〉이 나오기도 했지만, 이미 이들을 연구한 결과 신발이 자생적으로 강해질 수 있는 사람의 발을 퇴보시켰다는 학설이 있었다. 협곡 안에서 살기에, 이들은 현대인보다 모질고 강하다. 발은 꼭 사막 같다. 건조하지만, 단단했다.

바랑카스델코브레
✈ *Brrancas del Cobre*

한 소녀가 바위 끄트머리에 아찔하게 앉아 있다. 원초적인 풍경 앞에 꽃무늬 스커트가 풍선처럼 부풀었다. 자연에서 본뜬 색과 무늬로 옷을 짠다고 했던가. 타라우마라 족에게 집이란 그저 짓궂은 날씨에 대비한 피신처일 뿐, 자연이 곧 그들의 영혼이자 집이라고 했다. 매일 보는 그 풍경이 그리 생경한 거야? 대체 무슨 생각을 하는 거야? 오랜 시간 그녀에게 마음으로 물었지만, 평생 답을 알 수 없을 질문이었다.

시인 거트루드 스타인은 오클랜드를 두고 "There is no there there"이라고 했다. 그 심정을 이곳에서 조금은 알 것 같았다.

바토필라스
✈ *Batopilas*

외딴 마을에 발이 꽁꽁 묶였다

바토필라스(Batopilas)

바랑카스델코브레를 여행하는 대부분 크릴에 터를 잡는다. 여행자의 편의 덕이다. 숙소, 식당, ATM기, 기차나 버스 같은 교통 수단 등 바랑카스델코브레의 정기 아래 보고 하고 즐길 거리가 펼쳐져 있다. 보너스는 4백년 넘게 명맥을 이어온 타라우마라족과 같은 아스팔트 길을 걷는 타임슬립 경험이랄까. 바토필라스는 이 크릴로부터 남쪽 방향, 바랑카스델코브레의 가장 아랫도리에 있다. 왕년엔 세계 최대 은 광산지인 노르웨이 콩스버그보다 7배나 많은 은을 배출한 곳. 지금은 멀고, 깊고, 안 되는, 3가지 형용사가 버티고 있다.

크릴로부터 바토필라스행 버스는 말하자면 모래바람을 일으키는 허기진 하이에나였다. 악명 높은 산등성이 도로로 돌진! 돌부리에 걸려 공중 부양하거나 차 루프에 헤드뱅잉을 하는 건 다반사다. 한편, 불행한 탑승객들은 외투를 벗기 시작했다. 해발 2,438m의 크릴로부터 579m의 바토필라스로 하강 중이라는 일종의 간증이다. 5시간만에 시야에 들어온 바토필라스란 표식, 달려온 거리는 고작 140km. 크릴이 현실이라면, 바토필라스는 백일몽 같다. 결코 양립할 수 없는 마을이라는 듯 하루 단 한 대의 성난 버스가 두 마을을 연결한다.

"거기 가려면 (양팔 크게 벌려)이따 만한 물통을 들고 가."
하룻밤만 지낼 계획이라 숙제부터 하자 싶었다. 1870년에 세상에 등장한 사테보 성당을 보는 일이다. 고작 8km의 트레킹이니, 산소 부족의 버스 감옥을 벗어난 기념으로 호기 있게 나선다. 문제는 그림자가 없다. 단 한 톨도 없다. 그 비포장 길의 좌청룡은 강을 따라 유려하게 펼쳐진 산과 나무요, 우백호는 쩍쩍 갈라진 절벽이다. 모두 꼿꼿한 직립 구조다. 뜨거운 날숨이 계속되고, 모든 것이 아련하다. 비탈진 산기슭에 몸을 세운 타라우마라족의 집도, 도미노처럼 레이어드된 산의 거친 결도, 리듬의 완급을 이루던 강줄기도.
사막이라고 생각한 그 길 끝에 오아시스처럼 사테보 성당이 서 있다. 타라우마라족에게 선교 활동을 펼친 예수회의 흔적을 발견했다는 탐구심보다는, 바토필라스 트레킹의 반쪽 승전보를 울리는 성취감이 더 크다. 크릴로 돌아가는 버스가 '4:00'에 있다는 쪽지를 받아 쥔 채 돌아섰다. 유턴! 서둘러!
오후 3시 40분. 정류장 표식 하나 없는 길 바닥에 섰다. 서부 영화에서나 나올 법한 깊은 정적이다. 기다린 지 1시간, 2시간… 그제서야 다시 열어본 쪽지.

'4:00'
아뿔싸. 같은 숫자의 다른 해석. 우리는 오후라 이해하고 그들은 새벽이라 썼던 그 숫자. 새벽 4시에 있다는 버스를 오후 4시에 기다린 꼴이다. 내일은 갈 수 있겠지? 다음날 버스 정보를 수소문하니, 모두 우리를 이곳에 감금하려는 범죄자들뿐이다. 경찰은 내일 새벽 4시라 하고, 마을 토박이는 모레 새벽 4시라 한다. 우리는

바토필라스
✈ Batopilas

 실패라는 확률에 인생을 걸어본 적이 없건만, 다음날 버스도 새벽 6시가 되어도 나타나지 않았다. 아이스크림 차 냉동칸에라도 타겠다는 시도도 실패, 히치하이킹을 하려는 시도도 실패.

 용을 쓴다고 해결될 건 없다. 우리의 감금은 울분에서 알 수 없는 복수심으로 활활 타오르다가 어느새 동네 초등학교 운동회의 승패에 몸이 달아오르는 포기로 접어들었다. 포기하니, 새 세상이다. 이미 우리 곁에 있었지만, 보이지 않던 일상의 발견이다. 풍성한 오렌지 나무를 비롯해 부겐빌레아 넝쿨 식물과 꽃나무로 융단이 깔린 길에, 간판 없는 구식의 상점과 주택이 세상의 모든 색을 입고 서 있다. 1백년 넘은 나무 테이블 위에서 물품을 계산할 때는 현실인지, 가상인지 대략 판단 불가다. 숙소 옥상에서 바라본 풍경은 또 어떤가. TV 대신 빨래하는 어미와 다리 위를 뛰노는 아이의 실랑이가 흥미롭게 생중계된다. 어쩌면 바토필라스는 욕구 따위는 거세된, 현실 세계의 막다른 골목이었는지도 모르겠다. 5일 내내 단벌 신사로 지낸 우리는, 냄새는 좀 나도 행복했다.

사흘 째 되던 밤, 나는 쭈쭈바를, 탕탕은 막대 아이스크림을 입에 물고 있다. 낮에 게을렀던 마을도 밤이 되면 활력을 띤다. 후두둑 떨어지는 별을 보러 나온 마을 주민과 마지막 눈인사도 주고 받는다. 내일이면 이곳을 떠날 것이다. 본의 아니게 장기 체류한 '어쩔 수 없는' 상황, 떠나는 것을 업으로 하는 '어쩔 수 없는' 여행자란 신분. '어쩔 수 없는 것'에 발버둥치는 일 따위는 다시 하지 않을 것이다. 그저 내어 보내리.

치와와
✈ *Chihuahua*

여기 모든 테이블에 테킬라 한 잔씩 돌려주세요

치와와(Chihuahua)

사실 중남미가 안고 있는 '위험'이라는 불명예는 바로 어제 오늘 일은 아니다. 언젠가 중남미 여행자의 금기 행동인, 전 세계 살인율 통계를 보았다. 미국과 자메이카, 남아프리카의 8개 도시 외 중남미가 50위권을 앞다투어 나눠 먹고 있다. 멕시코는 북쪽으로 갈수록 피비린내가 진동했다. 미국과의 국경 지역은 범죄, 강도, 살인 등 평생 피하고 싶은 비극으로 물들어 있다.

우리는 크릴을 벗어나 치와와로 '간 크게' 이동 중이다. 치와와는 멕시코 북부의 큰 형님, 치와와주의 주도다. '치와와는 폭력의 주다.'란 명제는 '우리는 옷을 입는다.'와 별반 다르지 않게 통용되는 듯했다. 이미 체페를 타면서 치와와 주로 너구리처럼 넘어왔건만, 산기슭의 타라우마라족과 이 세상의 비극을 엮을 단서는 추호도 찾지 못했다. 그저 위로의 주문을 외웠다. '그래도 (애초에 계획한) 미국의 뉴올리언스보다는 살인율 수치가 낮잖아. 그리고 우리는 곧 남쪽으로 갈 거니까.' 문득 자리에 고이 휴대폰과 노트북을 모셔두고 화장실을 오가던 한국의 모 카페가 몹시 그리워졌다.

정작 치와와에서 만난 충격은 의외로 패션이다. 멀미 날 정도로 완벽한 서부극 시대다. 마리아치(멕시코식 오케스트라 밴드)의 솜브레로조차 카우보이 모자로 치환되고, 카우보이 부츠의 날렵한 앞굽은 살인 무기로 적당해 보인다. 시내를 걸을 때마다 진정한 로데오 부츠를 판다는 대형 광고판이 덮치기도 했다.

한 '꽃보다 할배' 마리아치는 45도 각도의 미소로 어마어마한 윙크를 날린다. 이 반건조한 치와와 땅에서 끈적끈적한 기시감을 만나다니.

가히 멕시코다웠다. 종종 이들의 뒷주머니에는 총이 없을지 몹쓸 엉덩이를 훔쳐보곤 했다.

치와와
✈ *Chihuahua*

우리는 어느 바(bar)에 몹시 허기져 있었다. 19세기 초 스페인으로부터 독립을 외쳤던 영웅 '미겔 이달고'가 감옥 생활을 하고, 20세기 초 멕시코 혁명을 주도한 마초 '판초 비야'의 집을 보존하는 역사의 파고 속에 휘말렸던 그때. 세상을 호령한 위인과 낭만의 카우보이 후예들이 교차하던 그때, 테킬라! 모래바람이 휘날리는 길 모퉁이에 바라던 바(bar)가 있다. '안티과 파즈(Antigua Paz)'라… '오랜 평화'라는 의미. 삐거덕 문을 열면서 영화 〈황혼에서 새벽까지〉의 장면이 벌어지지 않을까 상상했다. 추후에 알았다. 이 바는 100년이 훌쩍 넘은 치와와의 터줏대감이자 현존하는 역사요, 치와와의 정체성을 송두리째 헌정하던 곳이다.

물론 영화 속 뱀파이어는 없다.

숙소로 돌아와 육체적, 정신적 포만감에 젖어 있었다. 이에 산통을 깬 건 탕탕이다.

"내 카메라 어디 있어?"

"엥? 네 카메라를 왜 내게서 찾…."

'아?'란 의문이 끝나기도 전, 심장 박동수는 기하급수적으로 빨라지고 있다. 2시간 전 상황. 그는 내게 카메라를 맡겼다. 난 가방 속에 친히 집어넣었다. 무슨 전당포도 아니면서 그걸 맡았을까. 2시간 후 상황. 내 몸뚱이만 있다. 헉, 가방을 통째로 두고 온 것이다. 나의 몰스킨 공책도, 카메라는 눈물 나지만 잊겠다. 그의 카메라는 반드시 있어야 한다. 때론 친절은 비극으로 치닫는다. 그곳으로 되돌아가기까지, 택시 안에는 전 세계 온갖 신이 소환되어 있었다.

문을 연다. 나의 꼴은 딱 장화 신은 고양이다. 중년의 바텐더는 째려보던 시선을 거두고, 고개를 깔딱댔다. 왼쪽으로 가라는 표시다. 고개의 방향은 한 골방을 가리키고 있다. 똑똑. 문을 여니, 방에 박제된 듯한 할배의 굽은 등짝이 보였다. 그리고… '백허그'를 하고 말았다. 쭈글쭈글한 그의 손이 나의 가방을 가엾게 인도하고 있다. 2세대 주인쯤 되어 보였다. 의자에 버려진 나의 가방은 손님에 의해 구조되고 바텐더에게 전달, 뒷방 주인에게 후송 격리 조치되어 안전하게 보관 중이다. 1달러에도 벌벌 떠는 이 장기여행 거지도 이쯤 되면 어쩔 수 없었다.

"저기요! 여기 있는 사람 모두에게 테킬라 한 잔씩 주세요!"

인생의 드라마는 '사고'와 함께 하는 걸까. 그날 이후로 믿기로 했다. 가장 낮고 어두운 곳에서 가장 높고 밝은 일이 꽃피기도 한다는 걸. 바 이름처럼 우리에게도 '오랜 평화'가 찾아왔다.

사카테카스
✈ *Zacatecas*

오동통한 게 좋아

사카테카스**(Zacatecas)**

　예정한 이틀이 일주일을 넘기면서, 이래도 되나 싶다. 여전히 사카테카스다. 이곳을 빠져나갈 구실을 찾지 못한다. 금은 광산 산업의 요지였던 과거로부터 끌어올린 현재의 부촌, 한 번 들어가면 도무지 나갈 생각을 못하게 하는 성당과 박물관들, 계곡의 굴곡에 따라 고단 케이크처럼 켜켜이 쌓인 파노라마 뷰 속이다.

　광장 주변은 까예호네아다스(걸어 다니는 세레나데 군단)와 빈번한 축제가 장기 투숙 중이다. 주변 지역으로의 외도도 심상치 않다. 메소 아메리카의 유적지인 건조한 라 케마다와 멕시코인의 성스러운 신이 모셔진 축축한 과달루페에 이르기까지, 걷는 일은 갸륵해진다. 도시에 핑크빛 폭죽을 쏟아 올린 일출과 일몰은 매일 보아도 폐가 짜릿해졌다.

이 종합선물세트 도시로부터 보테로(Botero)의 그림을 떠올린다. 정작 만나보면 샤프한 도시에 할 이야기는 아니지만, 심적 결론은 그렇다.

"오동통한 게 참 좋군요."

사카테카스
✈ *Zacatecas*

투우에 관한 개똥철학

아과스칼리엔테스(Aguascalientes)

　대략 코마 상태로 잠에 빠졌다. 사카테카스를 떠나 허기진 사막길에 접어들 무렵이다. '이동이 여행의 팔 할을 차지하는 만큼 깨어있어야 하는데…'는 허튼소리. 몸이 원하는 대로, 호르몬의 흐름에 따라 날 내버려 두기로 하지 않았던가. 장기 여행의 이름으로 허락된 여행자의 나태(진심) 혹은 자율권(핑계)이다.

　본의 아니게 또 축제에 '걸렸다'. 산마르코스 축제(Feria Nacional de San Marcos)다. 매년 4~5월 아과스칼리엔테스는 정열의 화신이 된다. 심지어 3주간이다. 마음 먹기에 따라 4주의 장기전 아래 젊은 피는 펄펄 끓는다. 투우와 투계의 선혈이 물들고, 인파로 발 디딜 평수는 현격히 줄어든다. 시내버스에서 바라본 아과스칼리엔테스는 뜻밖의 정적이다. 어깨춤이라도 추며 들어가려고 했건만, '말

아과스칼리엔테스
+ *Aguascalientes*

짱 도루묵'! 거리는 꽃피는 한겨울, 사람마저 청소해버린 스산함이 감돈다. 멕시코의 인간개발지수(HDI, 삶의 질 평가) 평균치를 힘껏 높인 이곳에 제대로 온 게 맞나. 응당 쉬어야 할 5월 1일 '근로자의 날', 우리가 숙소를 찾는 노동에 다시 몸 바쳐야 한다는 숙제는 남겨져 있었다.

겨우 여인숙 수준의 숙소를 잡고 사람 냄새를 따라갔다. 점점 좁아지는 설 자리, 알거지가 된 기분이다. 축제를 알리는 광고 플래카드 아래로 사라졌던 신사, 숙녀 여러분이 크게 몸을 일으킨다. 곳곳에서 터지는 마이크 테스트는 청각을, 땅바닥을 캔버스 삼아 그린 화가의 입체 그림은 시각을 위협한다. 편의점 줄은 물건 사는 걸 포기하라는 자태로 길다. 눈을 홀리는 야외 무대는 심심하면 도보를 막고, 차레아다(charreada, 멕시코식 로데오)에 참여할 기수는 밧줄로 축제의 공기를 제압하고 있었다. 대관절 미국에서 태어난 슈퍼히어로가 축제의 가이드 겸 모델로 등장한 이유는 알 길이 없다. 믿었던 경찰마저 이리 섹시하다니. 간이 경찰 부스에서 시식용 술을 달라고 할 뻔했다.

'볼까, 말까…'

선택의 기로에 서 있었다. 투우 관람이다. 모누멘탈 투우장 앞에서 불편한 티켓을 만지작거렸다. 우리는 동물보호운동가는 아니다. 도리상 양순한 황소의 성격을 개조해 성나게 한다는 점, 황소가 노리개가 되어 죽어야만 끝나는 게임이란 것에 머뭇거렸다. 이 인간과 황소의 대결에는 페어플레이가 빠졌다. 처음이자 마지막이니까…. 석연치 않은 이유에, 우리를 걸었다.

즐길 용기가 바닥난 건 좌석 위치에서부터다. 공연장으로 치면 C석. 1만 5천만 석이 안배된 관중석의 정중앙 꼭대기다. 가장 저렴한 티켓을 구입한 대가는 혹독하다. 투우가 벌어지는 중앙 무대, 그 밑으로부터 치고 올라오는 유선형 바람과 원

형으로 규칙적인 좌석이 만나는 꼭짓점이 바로 우리 자리다. 가슴이 터지는 줄 알았다. 우레와 같은 박수가 쏟아지고, 경기는 시작됐다.

투우는 1:1 대결이 아니다. 팀과 황소의 대결이라고 보는 게 맞다. 일단 수습 투우사인 '노비예로'가 바람잡이다. 황소를 바짝 약 올린다. 피날레를 장식할 '마타도르'를 위해 황소의 행동반경을 파악하는 까닭에, 좀 방정 맞다. 카포테(분홍색 겉감과 노란색 안감의 망토)를 두 손에 꼭 쥔 채 황소를 유린하다가 경외로 도망쳐 문 뒤에서 경 내 황소에 대드는 시늉을 한다. 매서운 '피카도르'가 등장하면서 분위기는 바짝 졸아든다. 방패막이를 한 말을 타고 등장한 그는 전사의 기운이다.

악에 받친 소의 목에 긴 창을 내리꽂는다. 뒤이어 '반데리예로'는 돌진하는 황소 앞에서 나비처럼 날아 꽃술 장식의 작살을 등에 꽂는다. 자그마치 6개다. 황소는 고통, 탈진, 피바다와 혼연일체다. 그들이 모두 물러난 사이, 등장한 '마타도르'. 한 손에는 장검, 다른 한 손은 물레타(빨간 망토)를 쥐고 있다. 그의 검은 오직 황소를 끝장내는 목적으로 광채가 났다. 한 번에 끝장난다면 황소의 천운일 것이다. 끔찍하게도 여러 번 핏빛 검부림이 계속되기도 한다.

아과스칼리엔테스
✈ *Aguascalientes*

무대는 계속된다. 메슥거렸다. 검게 빗금 치던 나의 얼굴은 하얗게 질렸다. 황소 때문만은 아니다. 관중 탓이 컸다. 가장 위험한 상황이 곧 이들의 흥분제다. 황소가 투우사를 찌를 수밖에 없는 위기촉발의 순간, "올레!" 관중은 아낌없는 갈채를 쏟아냈다. 잇몸까지 드러내며 포효했다. 투우사가 몸을 사린다 싶으면 망측한 야유도 보냈다. 이 정글 속에서 환호를 위해 성난 황소에 바짝 다가서는 투우사, 절도 있는 동작으로 물레타를 하늘로 펄럭이는 생존의 쇼맨십. 죽음과의 사투는 양쪽에서 이뤄진다. 로마 시대 사람과 맹수 사이의 광기가 지금 21세기에 벌어지는 것이다.

"이거 소고기는 아니죠?"

어느 레스토랑, 정체불명의 메뉴판 앞에서다. 질질 끌려 장외로 퇴장하던 황소도, 투우사도 참 애잔했다. 곁에서는 제 각기 다른 음악으로 무장한 마리아치들이 불협화음의 추임새를 넣고 있다. 속에서는 여러 감정이 전쟁통을 이뤘다. 자꾸 쉰내가 난다. 힘든 밤이었다.

천국에서 맛본 지옥행

과나후아토(Guanajuato)

멕시코의 과나후아토는 스페인 식민지 시절을 박물관처럼 보존하고 있는 마을이다. 모네의 화폭을 16~19세기로 정형화한다면 이곳일까? 햇빛까지 일조하면 눈이 시리다. 여느 가이드북도 안전을 보장하듯 그 흔한 주의 문구조차 열거하지 않는다. 진정한 공포 영화는 언제나 평화로운 마을에서 의뭉스런 사건이 벌어지는 법. 영화의 클리셰가 우리에게 왔다.

안전상 낮에 이동하는 것을 철칙으로 삼았건만, 아과스칼리엔테스에서 과나후아토로 향하는 건 오직 밤 버스뿐이다. 겨우 자정이 되어서야 점 찍어 둔 숙소 앞에 도착했다. 문은 완강히 잠겨 있다. 대신 맞은편 호스텔은 세계 국기를 펄럭이며 'Welcome'이라 쓰여 있었다. 지푸라기처럼 다가온 그곳의 도미토리에 짐을 풀었다.

과나후아토
✈ Guanajuato

과나후아토의 거리 세레나데에 매료된 3번째 밤. 한번쯤은 여행 거지 신분을 벗고, 근사하게 저녁식사를 하기로 했다. 여행은 가끔 지나치게 행복해서 괜한 불안감이 엄습하는 순간이 있는데, 오늘이 딱 그랬다. 도미토리에 돌아오니, 우리의 독차지다. 어젯밤 자정에 체크인한 파나마 출신의 수다쟁이 사내도 보이지 않는다. 그런데 갑자기 탕탕이 부산스럽다. 숙소에 박제되다시피 한 큰 배낭까지 열고 닫기를 여러 번, 내 가슴은 곧 총 맞은 것처럼 충격을 받았다.

"카메라 렌즈가 없어졌어! 노트북도! 하드 디스크도! 그리고…"

탕탕! 어질어질, 후들후들, 메슥메슥. 온갖 아픈 부사가 나를 주저앉힌다. 눈을 질끈 감았다. 그래도 탕탕 열쇠로 걸어 잠근 사물함 물건이 도둑맞은 것은 변함없는 사실이다. 도둑의 타깃은 그의 카메라 가방. 바로 당장 화보 촬영을 해도 문제 없는 일명 '이동하는 스튜디오'다. 당일 탕탕은 3대의 카메라(2대의 DSLR과 Gopro)와 외출한 상황이었으나 모든 렌즈와 노트북 장비는 아니다. 그는 쏜살같이 방을 나갔고, 숙소 직원을 불러 도난 사실을 격앙된 목소리로 호소했다. 문제는 이 놈(정중은 사양한다)의 태도. 영어를 곧잘 하던 그가 갑자기 스페인어로만 대응하며 뻣뻣하게 구는 것이 아닌가. 우리가 바란 것은 최소한의 성의다. 어제 도미토리에 묵었던 놈의 신상명세를 경찰에 신고하는 정도의 기본 예의 말이다. 직원은 뒷짐만 지고, 탕탕은 '우리의 친구'를 찾았다. 경찰을 부르겠다고 불을 뿜으며 나갔다.

10분조차 1시간 같았던 길고도 질긴 기다림. 잡고 싶은데 잡히는 게 없고, 뭔가 해야 하는데 할 수 없다. 눈 뜨고 가위에 눌리는 기분이다. 단, 도둑놈의 침대에서 서둘러 떠난 흔적을 발견했다. 놈이 두고 간 하얀 셔츠와 휴대폰 충전기, 칫솔, 세탁소 영수증…. 어제 그가 밝힌 이름과 영수증 상의 이름은 판이했다.

이쯤 되니, 파나마 출신이라는 것조차 의심스럽다. 호스텔 옥상에서 탕탕과 맥주를 나눠 마신 것조차 작전의 일부였을까. 나조차 주체할 수 없는 분노가 어둠을 밝히고 있었다.

다음날 이른 오전, 경찰이 숙소에 도착했다. 전략가 탕탕은 숙소가 숙박객 체크도 제대로 안 하는 탈세자 혐의(!)까지 고한 모양이다. 한 경찰은 바로 숙박 장부를 확인하고, 지문 채취 전문가는 그의 침대에 있던 물품과 사물함에서 동일한 지문을 채취하는데 성공했다. 난 서둘러 다른 숙소부터 찾았다. 안전이 최우선이다. 실내 감시 카메라가 있는지, 여권을 체크하는지의 여부를 확인했다. 다음날 일종의 목격자인 나 역시 경찰에 출두해 부모님 이름까지 토설하는(이유는 아직도 잘 모르겠다) 경찰 조사를 받아야 했다. 천국의 과나후아토는 이미 생지옥이다.

도둑놈은 우리의 돈과 시간, 영혼까지 훔쳐간 중죄인이다. 그가 블랙마켓에서 푼돈과 바꾸려고 했던 건, 탕탕의 인생이다. 1년 넘는 기록 창고(특히 사진)는 재가 되어 버리고, 개인 정보가 노출되어 불안에 떨고, 대체 물품을 찾느라 멕시코시티의 지리를 현지인보다 통달했다. 불어 자판 노트북을 구하겠다고 얼마나 프랑스 관할 사무소를 수소문했던가. 급기야 일부 렌즈는 구하지 못해 국제 배송까지 했다. 수습할수록 더 어지르는 기분이었다. 최고의 후유증은 누군가 다가오면 경계부터 하는 병이다. 고백하건대, 우리는 각자 숨어 우는 일이 많았다.

지금도 멕시코 경찰에게 잊을만하면 메일을 띄운다. 그들의 대답은 늘 같다.
"아직 찾지 못하였나이다…."

덕분에 네 얼굴도 잊지 않고 있다.

과나후아토
✦ *Guanajuato*

저마다 사람 하나쯤 가슴에 묻고 온다

산미겔데아옌데(San Miguel de Allende)

사실 5일 간 바토필라스 감금에는 말 못할 가슴앓이도 있었다.

바토필라스로 출발하기 5일 전, 크릴의 ATM기 앞이다. 나는 홀로 성스런 현금 인출을 하고 있다. 돈을 센 후 부자가 된 듯 갈지자로 걷는데, 볼일 잘못 본 느낌이다. 어라… 카드는 어디 갔지? 사라졌다. 이미 울음은 터지기 직전이다. 바로 옆에서 인출하던 애먼 카우보이 아저씨가 의심스러웠지만, 탕탕이 지목한 범인은 ATM기였다. 카드를 제때 빼지 않으면, 자동으로 먹는다는 이야기다. 물 먹는 하마보다 더 엉큼한 ATM기가 아닌가.

크릴의 유일한 은행이 문을 열자마자 톱배우 뺨치게, 영혼을 담아 사정을 했다. 사감 선생 타입의 매니저는 도난 카드로 인지해 멕시코 시티로 이동, 전량 폐기 처

산미겔데아옌데
✈ San Miguel de Allende

분할 거라 예고했다. 나의 카드는 못난 주인을 만나 타지에서 운명할 처지다. 이대로 여행도 종지부를 찍고 마는 것인가. 이때 크릴 투어에서 만난 멕시코 자매 루즈의 등장.

"당신이 낯선 타지에서 여행한다고 생각해 보세요. 현지에 사는 누군가가 당신을 도와주길 바라지 않겠어요? 당신이 이 한국인을 구할 수 있어요."

이때 루즈에게서 광채를 보았다. 우리집에는 찾아올 리 없는 배트맨보다 그녀야말로 영웅이다. 이 사건으로부터 30일 후 그녀가 있는 산미겔데아옌데(이하 산미겔)로 한걸음에 달려갔다.

산미겔은 미국 은퇴자가 대거 침거한 멕시코 중부의 도시다. 일단 환경이 좋다. 1,870m 해발고도와 평균기온 19도로, 사계절 내내 산들 바람에 매료된다. 도심은 색의 화끈한 공격이다. 스페인의 식민 잔재를 집약한 18~19세기 양식 건축물이 드라마틱하게 재연되고, 주황색과 샛노란 색 물감이 잘못 엎질러진 것처럼 걷는 내내 눈이 시리다. 1940년 파인아트 학교가 생긴 이래 예술가까지 집결한 덕에, 상점도 난해하거나 예술적이다. 스스로 모나리자의 시선이라 착각하듯 산미겔 대성당(La Parroquia San Miguel Arcángel)은 어디를 가든 우릴 감시하는 랜드마크가 되었다. 도시 자체는 왁자지껄할 일도, 안 좋은 일도 없다. 뾰족구두를 신은 아가씨가 조약돌에 걸려 넘어지는 장면이 큰 이슈랄까. 한 상점에서 계산하니, "그라시아스(감사하다는 뜻의 스페인어)!"는 쑥 들어가고 "땡큐!"가 메아리쳤다. '멕시코의 디즈니랜드'인 산미겔에 입성한 것이다.

만남의 장소는 산미겔 대성당 뒷골목에 있는 한 테라스 카페. 1시간 전에 만날 장소를 파악해두고, 30분 전부터 그 주변을 배회했다. 세상에서 가장 힘든 기다림이란 때론 희망이다. 그녀가 나타났고, 우리도 지금 막 왔다고 거짓말을 해버렸다. 영웅에 대한 최소한의 예의라 생각했다.

우리는 몸이 으스러지듯 격한 포옹을 한다. 유리잔에 소금 서리가 앉은 모히토로 지금 이 시간을 축하했다. 그녀와 남편의 보금자리로 이동하고, 보헤미안 스타일의 집을 만났다. 창고 형태의 작업실이 있는 마당과 스타일 다른 방이 안배된 실내가 옥상으로 연결되는 3층집. 자연의 흙색은 안정감을 주고, 걸음을 뗄 때마다 영감으로 차 올랐다. 개(dog)과에 속하는 두 마리 고양이가 몸을 뒤집어 격렬한 환영 인사를 하기까지, TV에서나 보던 이상적인 집이다.

루즈는 유리를 기반으로 다양한 오브제의 조화를 꾀하는, 실험 정신이 투철한 아티스트다. 자원 봉사하는 현지 소방대원을 위한 최근의 프로젝트를 들려주었다. 가로 1.8m, 세로 3m의 벽을 세워 1cm 정사각형 크기의 유리 모자이크마다 책정된 10MXN(멕시칸 페소, 약 654원) 기부를 독려하는 작품을 진행 중이다. 동료

산미겔데아옌데
+ San Miguel de Allende

아티스트와 약 3만5천개의 모자이크를 만드느라 어깨가 빠졌다는 그녀의 말은 환희에 차 있다. 어제부터 있던 무하마드 알리의 소나기 펀치 같은 나의 복통마저 웃고 있었다.

　이제 멕시코 시티로 넘어갈 때다. 루즈는 부디 대낮에 이동하라고 당부 섞인 협박을 한다. 멕시코 시티 따위 결코 두렵지 않았다. 그곳에도 사람이 살 것이다. 당신 같은 사람을 만날 기회를 저버릴 만큼 우리는 멍청하지 않다. 과나후아토 사건 이후 불치병 같던 의심병도 어물쩍 사그라졌고, 전진할 힘도 충전했다. 우리에게 이번 여행에서 무엇을 배우고 왔냐고 묻는다면, 이 한 가지를 답할 것이다. '결국엔 사람이다'란 잊었던 진리를.

둘이 여행한다는 것, 그 시험대

멕시코시티(Ciudad de Mexico)

한국을 떠난 지 두 달여. 많은 것이 운명했다. 칫솔 솔기는 떡진 반가르마를 하고, 선크림은 거칠게 헛구역질을 해댔다. 병든 것도 많다. 탕탕의 카메라는 노출 과다로 피사체를 귀신으로 만들어버리고, 나의 카메라는 전원이 켜지는 것이 기적이다. 이미 '(과나후아토에서 망할) 도둑맞은 물건을 찾아서'란 밀린 숙제도 있는 시점이다. 쌍방, 360도 회전 돌려차기로 속이 난도질된 상태. 멕시코시티로 입성하면서, 우리는 시한폭탄이었다. 언제 터질지 모른다! 인생에서 누구나 시한폭탄 하나쯤 안고 살아가는 건지 모르겠지만.

관광 지도를 펼쳤다. 우리가 원하는 수리센터, 카메라 장비 매장을 표기할 자리는 없어 보인다. 믿음직한 포토그래퍼가 일러준 회사를 찾아봤지만, 펜탁스 제품

멕시코시티
✦ *Ciudad de México*

을 찾는 탕탕의 간이 크다는 반응이다. 멕시코 DSLR 시장의 98%는 캐논, 2%를 니콘과 소니가 땅따먹기 한단다. 우리의 숙제는 수첩 한 페이지를 가뿐히 넘기고 있었다. 카메라 수리 맡기기, 배터리 구입하기, 각종 펜탁스 카메라용 렌즈 사기, 불어 자판의 노트북 찾기, 신용카드 발급하기, 쿠바 비자 만들기 등 대기업 신입사원 저리 가라 수준이다. 꼬리에 꼬리를 무는 추격기다. 방문한 곳에서 미션을 실패하면, 성공할 곳을 대라고 협박, 회유했다. 소개 받아 철새처럼 움직인다. 하지만, 모든 전진은 잦은 성과가 모아졌을 때나 가능한 법. 결연한 듯 모두 없단다. 이게 비산유국에서 기름 찾는 일인 거야? 눈이 멀어버린 기분이다. '포기해.'란 말이 목전이었다. 성난 사자 탕탕은 빠른 걸음으로 앞질러 나갔다. 더 이상의 현지인을 통한 소개도 끊겼다. 난 피곤과 허무로 뭉친 볼이 툭 튀어나왔다. 그 모습을 눈치챈 탕탕 왈,

"나랑 가고 싶지 않으면 여기서 내려. 숙소랑 가까운 거리니까."

무작정 탄 버스 안. 탕탕은 무례한 카메라 매장 직원의 지푸라기 소개라도 붙든 모양이다.

'이 천사 같은 도우미(=뿌리다)에게 성을 내? 가봤자 없다고. 그래, 너 혼자 해결해봐!'

복화술을 하며 내렸다. 분명히 스스로 내렸는데, 버려진 외로움이다. 버스는 떠나고, 장대비는 쏟아졌다. 그 길 이름은 Rep.del Salvador. 참 억울한 거리다. 편의점으로 뛰어들어갔다. 뭘 사려고 한 건 아니다. 계속 뒤돌아보는 내 모습에서, 탕탕이 돌아오지 않을까 하는 애달픈 기대가 있었다. 이대로 '여행 이혼'으로 치닫는 걸까.

멕시코시티
✈ Ciudad de México

 반평생 솔로 여행이 천명이라 생각했다. 나 혼자 밥을 먹고, 나 혼자 감동하고, 나 혼자 친구 사귀고. 그러다가 둘이 떠났다. 친구들은 탕탕과의 여행 유통기한이 '한 달'일 거라 장담했다. 워낙 싸가지를 밥 말아먹은 내 여행 스타일 때문이다.

 무계획, 즉흥, 변덕, 찌질함으로 도배된 나의 여행에서 메이트의 반항, 배려는 사양이었다. 생각하면, 여행 메이트만큼 24시간 꼭 낀 사이도 없다. 어디를 집으로 삼고, 무엇을 보고 해야 할지 모든 선택이 '함께'다. 우주적인 일이다. 숨겨왔던 사적인 시간과 생각이 서로에게 공개되고, 누구의 이기심이 언제 발톱을 세울지 알 수 없다. 그간 많은 것이 운명했지만, 그와의 여행을 의심한 적은 없다. 걷고 서는 템포가 같았고, 슬픔은 반 토막 나고 감동의 결은 더블, 트리플로 높고 숭고해졌다. 그는 나의 노예요, 보디가드요, 의사이자 아빠로 분하길 꺼리지 않았다. 무엇보다 여행 내내 날 온전히 나이게 한 사람이 탕탕이 아닌가. 내가 사랑하는 작가 마크 트웨인은, 함께 여행하는 것보다 그 사람을 사랑하거나 증오하는 확실한 방법은 없다고 했다. 편의점에서 애꿎은 콜라를 들이키면서, 이번 기회로 '여행 이혼'을 맞았다기보다 '여행 이혼의 다리를 건너야 한다.'는 청량한 결심이 들었다.

 그는 (역시나) 빈손으로 돌아왔다. 숨겨둔 케이크 상자를 바짝 그의 코에 댔다. 아무 말 없이 혀끝으로 번져나가는 달콤함을 서로 음미한다. 우리는 알고 있었다. 적어도 이 여행에서 패잔병처럼 돌아가고 싶진 않다는 것. 우리는 돌아가고 싶을 때 돌아갈 것이다. 이 극악무도한 도둑놈아! 우리 이제 쿠바로 간다.

CUBA

면적 110,860km²
방문 포인트 12spots
체류일 28days
평균 지출(일/인당) $44

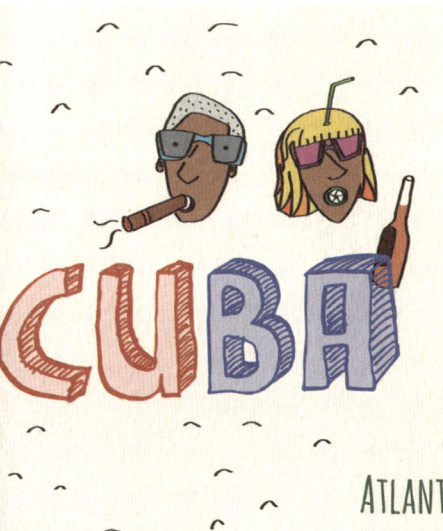

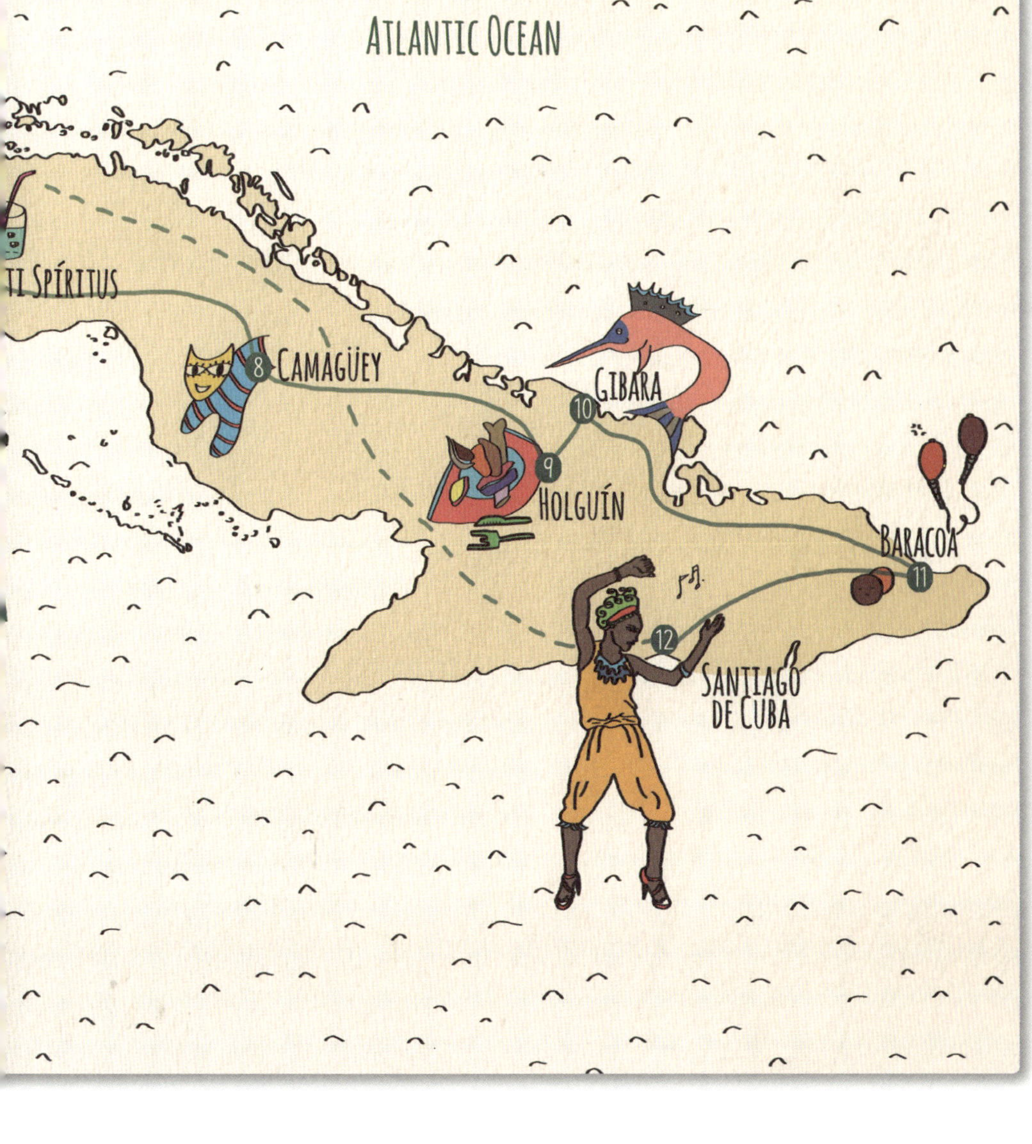

쿠바 전역 _ 비냘레스 _ 트리니다드 _ 히바라 _ 산티아고데쿠바

쿠바에서 생긴 일

쿠바 전역(All over Cuba)

쿠바 여행은 정리가 잘 안 된다. 여행 전에는 환상으로 잔뜩 부풀게 하다가, 여행 후에는 잡히지 않는 의문 부호를 수없이 남긴다. 이 미지의 나라는, 여행자를 성난 뿔소로 만드는 일등공신이다. 코너에 몰린 생쥐처럼 매일 매초 이 나라와 싸웠다. 체 게바라의 혁명 정신을 이렇게 이어받는 건가.

CUC vs MN, 두 쪽 난 쿠바 화폐

쿠바 공항에서 환전했다. 손에 쥔 건 쿠바 화폐 CUC(세우세 혹은 쿡, 이하 세우세). 공항에서 유일한 교통수단인 택시를 타고 아바나 시내로 진입, $ 표기를 처음 본 게 길거리 아이스크림 가게였다. 3$라고 하여 10CUC를 냈다. 7CUC의 잔

돈을 받고 화학물질 가득한 아이스크림을 먹으며 잔인하게 느낀 사실은 '쿠바 물가가 엄청 비싸네.'였다. 전 국민의 한달 고정 수입이 25~30CUC인데다가 빈티지를 넘어 쓰러져가는 건물들 사이에서 이게 가능한 일인가? 하루가 지나서야 깨달았다. 아이스크림의 실제 가격은 3CUC(3,600원, 1세우세=1,200원)가 아닌, 3MN(150원, 1모네다 나시오날=50원)이었다.

쿠바는 공식적으로 2가지 화폐가 통용된다. 단, CUC를 쓰는 곳과 MN(=CUP, 모네다 나시오날 혹은 쿱, 이하 모네다 나시오날)을 쓰는 곳이 따로 존재한다. CUC는 미국과의 경제 봉쇄 후 달러를 대체하는 외화벌이용 화폐, MN은 실질적인 쿠바의 국영 화폐. 1CUC는 24MN로, 세계 정세가 온갖 재주를 부려도 절대 변하지 않는 고정 환율이다. 현지인도 CUC를 쓴다. 여행자도 환전소에서 눈치 보지 않고 MN로 바꿔 사용할 수 있다. 여행하면서 몇 번 속아보니, 그 구분은 세수하듯 자연스러웠다. 오히려 1MN(50원) 아이스크림 가게에서 1CUC(1,200원)를 내는 단체 관광객을 보며 낄낄대는 스톡홀름 증후군에 걸렸다. 미스터리는 출국시 공항 환전소에서 MN을 처음 보는 화폐인 양 대했다는 점이다.

MN 레스토랑에서 불만폭발 식사

마치 게임을 하듯 한창 CUC와 MN 레스토랑 맞추기에 재미가 들렸을 때였다. 쿠바 올귄(Holguin)에서 현지식이 아닌 중국식을 파는 MN 레스토랑을 발견해

만세를 불렀다. 두꺼운 메뉴판에 감격하며, 손가락으로 메뉴를 하나씩 찍어 주문했다. 미식가가 전멸한 듯한 쿠바에서 간만에 포식했으나 영수증을 보고 토끼 눈이 됐다. 예상보다 2배가 높은 금액이었다. 이유인 즉, 주문한 돼지 넓적다리 g수를 더 얹어줬고, 잔에 토마토 주스를 가득(!) 채워줬기 때문이란다. 누가 원했는데? 레스토랑이 원했다. 주문 받은 여종업원과 셰프, 그리고 매니저에 이르기까지, 우리와 삼단 논쟁이 이어졌다. 강하게 대처했다. "계속 그렇게 주장하면 돈을 안 내든가, 까사 주인과 경찰을 불러 제값을 치르겠어." 모두 물러난 자리, 테이블에 제 값을 두고 우리는 바람처럼 사라졌다.

외부와의 절연, 무서운 와이파이

현지 여행사를 통해 멕시코 행 티켓을 문의했다. 계속 실패했다. 가는 곳마다 없다거나 멕시코 출국 행 티켓이 있어야 가능하다고 했다. 인터넷 예약을 하면 된다고? 쿠바 외 다른 나라에서나 가능한 해결책이었다. 처음 와이파이를 이용

한다고 용기 냈던 때를 기억한다. 아바나의 고급 호텔. 2시간이 기본이라 했다.

"30분만 쓸 건데요."

"어머나, 뭔가를 체크하려면 이 시간은 기본일 텐데…."

써보고, 알았다. 고도로 느렸다. 화병까지 얻은 후 가능한 피하고 싶던 와이파이였다. 포기하는 심정으로 한 인터넷 카페에서 항공권을 검색했다. 단, 1시간 15분 32초! 뜻밖의 쾌거(!)에, 우리는 모히토를 2잔 마시기로 했다.

어디나 지켜보고 있는 CDR의 비밀

첩보 영화 마니아인 우리는, 쿠바 전역에서 한 마크를 추적했다. 국기 이상으로 자주 보이는 CDR 마크. 쿠바 국기 옷을 입은, 칼을 빼어 든 사람 문장(紋章)이다. 일정 구간별로 벽에 숫자가 써 있고, CDR 대표임을 알리는 대문의 표식까지 보였다. 가짜 첩보원(=우리)의 궁금증은 대폭발 했다.

CDR(Comités de Defensa de la Revolución의 약자)이란, 풀이하면 '혁명방위위원회'이다. 지난 59년 성공적인 쿠바 혁명 이후, 미국의 경제적 봉쇄로 생겨난 조직이다. 좋게 말하면 지역마다 현 정부 체제를 완고히 지키기 위한 자치 조직이라 하겠지만, 그만큼 국민은 철저한 행동 감시를 당한다는 이야기이다. 정부가 그리 반기지 않는 불만, 불평은 고이 접어두란 무언의 압박인 셈이다. CDR 박물관(Museo Nacional 28 de Septiembre)에서 알아냈다. 1960년부터 2007년까지 총 1천만 명의 인구 중 CDR 멤버는 약 8백만450명. 경찰과 비밀경찰을 제외한다면, 국민의 대부분이 CDR이었다.

가끔 대화하려는 현지인이 우리를 암흑 속으로 끌고 간 이유를 알았다. 현 정부에 불만을 터뜨리면서 외부 시선을 인식한 그의 고개는 도리도리 춤을 췄고, 때로는 복화술을 했다. 미국과의 개방이 슬금슬금 되는 이 시점, 사정은 좀 달라졌을까.

쿠바 전역
+ All over Cuba

히네테로(Jinetero)와의 운명적인 만남

아바나의 까삐똘리오 앞에서 차에 치일 뻔했다. 혜성처럼 등장한 카를로스. 3년 전 부모가 이곳에서 사고사를 당했다며 조심하라고 일렀다. 그의 얼굴엔 '정직'이 써 있었다. 맛집을 소개하겠다며 데려간 그곳. 손님은 달랑 우리 셋뿐이었다. 왠지 속은 기분과 '부모를 잃은 착한 남자'를 의심한 나를 책망하는 사이, 비욘세가 공연 왔던 곳(미국인 출입이 불가능한 당시였다)이라는 그의 입방정에 책망을 취소했다. 서비스 팁까지 더해 한 자리에서 5달치 쿠바 현지인 월급을 1시간만에 썼다. '호갱'으로 전 세계에 소문날 일이었다.

　사실 히네테로(여자는 히네테라)란 이성 외국인을 물주로 데이트하는 직업 남성을 가리키는데, 외국인을 상대로 한 '삐끼'로도 널리 통용된다. 이들은 까사(쿠바식 민박) 및 버스, 레스토랑, 시가 판매처 등 안내의 종결자다. 끈기와 인내는 이들의 무기로, 대화의 종결법은 '돈 주세요.' 혹은 '시가?'였다. 우리는 단단히 지쳤다. 탕탕은 프랑스 출신이라 밝히면 가끔 불어를 구사하는 그들에 대항해, 자기 국적을 독일에서 이탈리아, 그리스, 캐나다까지 기분에 따라 바꿔 치기를 했다(그들이 그리스어를 모르기에, 이 국적이 가장 유용해 보였다).

　이런 저런 에피소드를 거품을 물며 한 까사 주인에게 들려주자,
"내 친구가 한 이야기가 있어. 뭐든 가능하지! 그게 바로 쿠바야!"
이 로맨틱할 수 있는 문장이, 결코 웃을 수만은 없는 진실이었다.

비냘레스
✈ Viñales

'아름다운' 쿠바를 시작합니다(feat. 파포의 데이트)

비냘레스(Viñales)

아바나의 다채로운(!) 사기 습격 이후 비냘레스로 향한다. 비는 질리도록 내리고 있다. 쿠바의 후덥지근한 아열대성 기후는 건기와 우기로 쪼개진다. 8~10월은 잦은 허리케인의 출몰로 미아가 되기 딱 십상이다. 우리의 여행 달력은 6월. 이동 수단은 밴이다. 뿌연 창 밖 풍경은 우기의 절정으로 치닫는 새하얀 의지로 사로잡혔다. 풍경인지, 도루묵인지 모를 안갯속이다. 비냘레스에 닿은 밴의 문이 열리자, 우리는 스포트라이트를 받는 일약 스타! 물론 착각이다. 음치에 가까운 고성으로 우리를 붙든 극성 팬은 숙소 주인들뿐. '손님 모셔가기'란 민낯 경쟁이 낳은 절규였다. 아줌마 부대의 난리 통에 비조차 멈춘 줄 알았다.

진흙탕 속 비냘레스는 단층집의 '깡촌'이다. 시간은 거꾸로 간다. 낯익은 고층 빌딩 하나 없다. 비냘레스로 말하자면, '옛날 옛적에'를 모든 이야기의 서두에 둔

21세기 '날 것'의 마을이다. 마을 초입엔 1억년 전 석회암으로 뒤덮인 바닷속 지대가 낙타 등처럼 솟아오른 전설의 계곡이 실제로 존재한다. 이 태곳적 아름다움이 짙은 녹음에 포위된 마을로 이어졌다. 우리는 주인 없는 집에 짐부터 내렸다. 흔들의자에 몸을 맡기니, 동네 개가 우리를 계량하는 눈빛이다. '네 집이니?'란 의심은 '도둑 걱정은 안되나?'란 오지랖으로 커진다. 주인은 문을 열어둔 채 오랫동안 부재중이다.

동네에서 가장 먼저 할 일은 몇 가지로 추려졌다. 피델 카스트로의 명령 하에 원주민의 흔적을 그린 벽화(Mural de la prehistoria)와 오름 같은 팔렌케 동굴, 이 깡촌을 세계적으로 이름 올린 담배의 원조 농장을 방문하는 일이다. 모두 불시착한 듯 뚝뚝 떨어져 있는 탓에, 교통수단이 절실했다. 그때 순간 이동하듯 눈앞에 선 사내의 이름은 파포다. 그는 '믿을만한 자신'을 담보로 파격가를 제시한다. 이 모든 코스가 인당 5CUC이란 미끼다. 전 세계 마초의 최고급 시가가 생산되는 예술혼의 담뱃잎 농장에서 나오면서, 당분간 그를 전용 기사로 고용하리라 마음먹었다.

파포와의 다음 코스로는 카요후이타스를 탐낸다. 카리브해의 무결점 해변! 이곳 사진은 변변한 인상을 주지 않는 도시인 피나르델리오에 하이라이트를 찍고 있다. 그곳으로 가기까지 우리는, 파포의 위기극복 능력에 감탄을 거듭했다. 그는 사적인 용무를 볼 핑계가 있을 때마다 사진 찍기 좋다는 고객 우선 정책을 폈다. 잘 나가던 그의 똥차가 골골댔을 때도 마찬가지다. 황량한 대지에 정비소만 하나 있거늘, "여기 사진 찍기 좋잖아?"라며 이를 드러냈다. 그리고 어느 깊은 산골에서는 정체불명의 여인을 앞 좌석에 박력 있게 태웠다. "여기 사진 찍기 정말 좋지?"

그의 줏대는 카요후이타스로 진입했을 때도 똑같다. 사력을 다해 도로를 건너가는 바닷게를 보더니, 구토를 유발하는 급정거를 했다. 파포는 다시 '사진 찍기 좋다는' 이유로, 10분간 전투적인 게를 포대에 담는다. 해변임에도 (우리에게만)

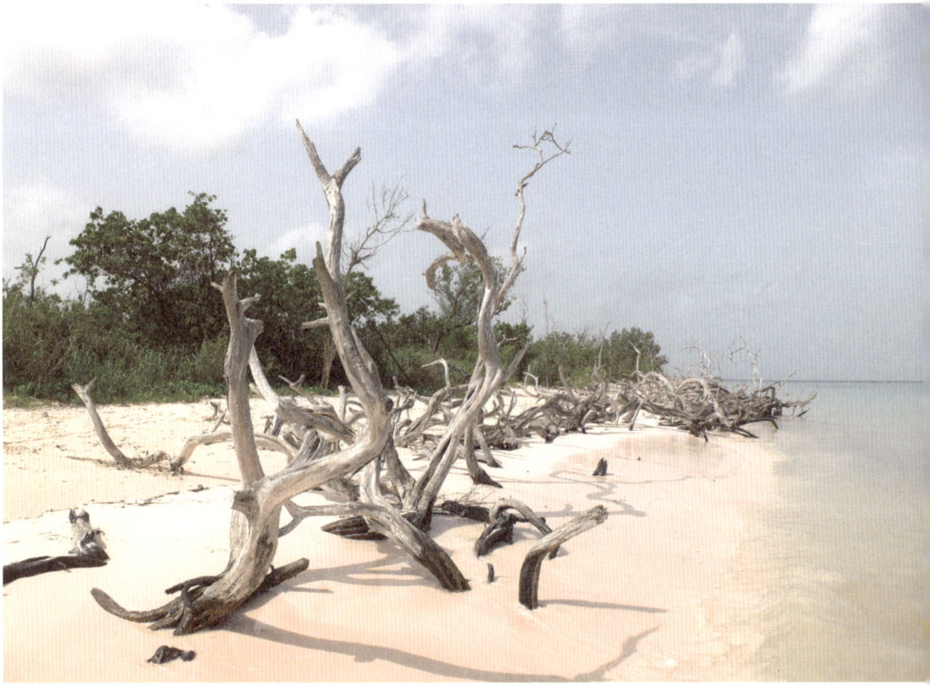

"CAYO JUTIAS"
Horario y Servicio: 9.00 am a 5.30 pm
Entrada
5.00 cuc
persona
5.00 mn
de 0 a 12 Gratis
Entrance
5.00 cuc
5.00 mn

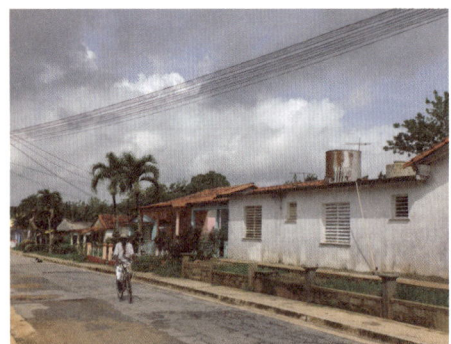

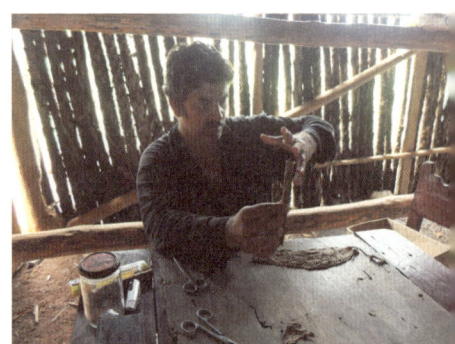

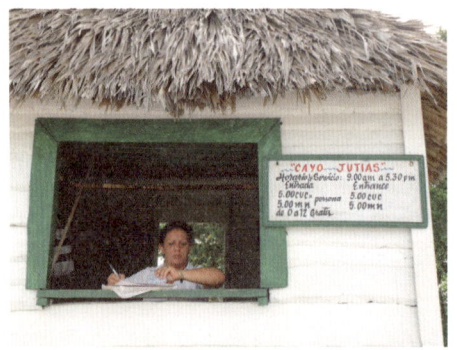

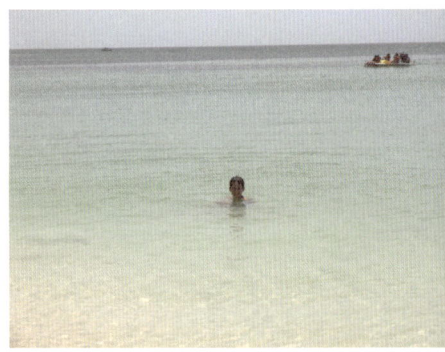

부당한 CUC 입장료를 내자마자 그는 여인의 허리춤을 감싸 안고 포말처럼 사라졌다. 아, 그런 거였구나. 데이트도 하고, 바닷게란 부수입까지 쏠쏠히 챙기고. 파포는 주어진 상황에서 최대치의 효과를 창출하는 자다. 우리가 지불할 교통비는 곧 그의 데이트 비용이다. 이쯤 되면 우리도 자선사업가쯤? 깊은 존경심이 이글거렸다.

이글거리는 주체는 카요후이타스도 마찬가지다. 크리스털을 용해한 듯한 카리브해다. 이곳에선 하늘과 우리, 혹은 바다와 나 그 이상도 이하도 없다. 이곳에서 뭔가를 한다면, 걸어봤자 3km의 백사장에 맨발이 사로잡히거나 독식 중인 딱 한군데의 레스토랑에서 쿠바 리브레를 들이키는 일뿐. 밀물, 썰물도 사라진 온천 같은 바닷물에 몸을 담그고 있자니, 이대로 우리가 사라지는 건 아닐까 망상에 사로잡히기도 했다. 파포는 저 멀리에서 아련하게 앞 좌석의 여인과 사랑을 속삭이고 있다. 아바나에서의 불편한 기억 따위 이곳에 모두 흘려 보내리. 쿠바로 입성한 지 일주일째, 우리는 드디어 '아름다운' 쿠바에 젖어 들고 있다. 잘박잘박, 찰랑찰랑.

"그런데 파포야, 이제 그만 집에 가자."

이사벨 아줌마를 찾아주세요

트리니다드(Trinidad)

　신식 공유경제의 초석이라 일컬어지는 에어비앤비는 엄밀히 말하면, 쿠바의 '까사'가 원조다. 까사(까사 빠티꿀라르)는 쿠바의 숙박 시스템이다. 일반 가정집에서 남는 방 한 칸을 내어주는 식으로, 인터내셔널 호텔이 아닌 이상 모두 이 체제로 돌아간다. 방 하나당 대략 20CUC란 암묵적인 가격은 지방으로 갈수록 무너진다. 그만큼 호객 시장 경쟁이 치열하다. 터미널 앞에서 피켓까지 들고 저돌적으로 손님을 채어가는 그들의 밥벌이 전쟁! 쿠바에서만 맛보는 진풍경이다.

　이 숙박업에는 한 가지 은밀하고도 야릇한 밀당이 펼쳐진다. 까사 주인과 손님 사이에서다. 숙소 주인은 숙박비의 절반을 나라에 세금으로 바친다. 그들의 수입은 여행자에게 유료 식사를 제공하면서부터 짭짤해진다. 결국, 다정한 얼굴로 식사를 권하는 협박조의 주인은 운명적. 거부당할 시 여행자가 때아닌 죄책감과 불

편에 사로잡히도록 절묘한 표정을 짓곤 한다. 여행자 모두 그 직업병의 피해자다.

"15CUC인데, 한번 볼래?"

굵은 팔뚝을 자랑하던 이사벨 아줌마. 우리는 택시로 트리니다드에 도착한 죄로, 터미널로 가서 되레 방을 구걸해야 하는 상황에 부닥쳤다. 한 사내와의 협상이 결렬되자마자, 육중한 그녀가 소리 없이 다가왔다. 위태로운 다락방이었음에도 불구하고, 우리의 판단력은 흐려졌다. 저녁 식사가 가능한지, 우리가 먼저 선수쳤다. 선결제를 요구한 그녀가 가슴골에서 잔돈을 꺼낼 때야 비로소 든 정신이란 녀석. 친절이란 무기로 상대의 모든 답을 '예스'로 만들어버리는 것, 우리는 이를 '이사벨 효과'라 부른다.

상은 차려졌다. 두 눈과 코는 신명이 났다. 이사벨은 풍채만큼 손도 크다. 애피타이저부터 메인 메뉴, 사이드 디시까지, 우리를 대식가로 오해하거나 딸린 식구가 더 있을 거라 오해할 만한 양이다. 특히 짭조름하면서도 달큰한 랍스터의 맛! 혀를 아예 집어삼켰다. 그날 이후 우리는 이사벨 식당의 단골이 되었다. 그 사이 이사벨은 바가지 택시비를 씌우려는 불한당 기사를 엄단하고, 다음 여행지 까사를 발 벗고 주선하는 엄마로도 기꺼이 변신했다.

트리니다드
✦ Trinidad

그녀가 잡아준 상크티스피리투스 행 택시에서 시큰하다. 이미 그리움은 모락모락 피어나고 있다. 트리니다드는 농익은 그리움의 결정체였다. 팔레트의 물감을 죄다 풀어놓은 파스텔 톤 집과 시간의 때가 켜켜이 쌓인 콜로니얼 건축물, 어디나 탐스럽게 핀 차코니아 꽃나무. 따가닥 따가닥 조약돌을 밟는 말발굽 소리에 눈을 뜨고, 빵 장수의 목청에 몸을 일으켰던 기억. 낮이면 골목길을 동네 꼬마처럼 뛰어 다녔고, 밤이면 자동반사적으로 마요르 광장 주변을 어슬렁거리며 살사, 룸바, 맘보 등 쿠바 음악의 무한궤도에 있다. 지난 1988년, 이곳은 유네스코 세계문화유산으로 지정됐다. 더불어 우리 명의로 이사벨 아줌마를 인류 전체가 보호해야 할 유산에 등재시키겠다.

그리워하는 건 트리니다드 쪽도 마찬가지였을까. 숙소 열쇠가 우리를 따라왔다(절대 훔친 게 아니다). 여행자의 문제는 여행자로부터 찾는 법. 흐르는 도랑에 버리는 대신 트리니다드로 가는 일본인 여행자에게 신신당부했다. 이사벨의 숙소에서 이 열쇠의 주인이 되어 달라고. 그곳에 남긴 우리의 방명록도 덤으로 그에게 통역했다.

"어쩌면 당신은 이런저런 쿠바에 대한 생채기를 안고 이곳에 흘러왔을지 모릅니다. 그럴 땐 말이에요. 이사벨 아줌마를 찾아주세요."

트리니다드
✈ *Trinidad*

IL DIT

ATTENTION, ATTENTION, ATTENT
L'ORAGE AR

Cuba

SHE SAID

DON'T WORRY
THE SUNSHINE WILL BE COMING

엉덩이가 불쌍해. 말 마차에 몸을 싣고

히바라(Gibara)

"인간이 볼 수 있는, 가장 아름다운 땅이로구나."
1492년 크리스토퍼 콜럼버스는 이곳에 닻을 내리자마자 말했다.
"여행자가 꼼지락거릴 수 있는 한량의 땅이로구나."
21세기 뿌리다와 탕탕은 이곳에 두 발을 딛자마자 예측한다.

둔탁한 택시 문을 여니, 대서양이 쏟아져 들어온다. 바다다. 현지인이 노래를 부르던 쿠바 속 쿠바, 히바라다. 뮤지션 레이 찰스가 환생한 듯한 기사의 택시는 올긴이란 도시로부터 비포장 도로와 소울 음악의 합중주 가운데 닿는다. 아, 바다. 거머리처럼 몸에 들러붙는 습기와 짠 내를 몰고 온 바람은 쾌재를 부른다. 바다는 늘 그랬다. 언제나 묶어둘 수 없는 흥분을 일으키곤 한다.

히바라에 서니, 이미 섬이었던 쿠바가 섬이란 사실을 들킨 느낌이다. 대서양이 조각한 만(灣)과 언덕이 있는 변방의 이곳. 끝없이 참견하는 파도와 마을을 한눈에 담을 수 있는 언덕, 그 구석구석을 웃는 상의 사람들이 채워간다. 지난 2008년 허리케인의 폭격으로 곡 소리만 나던 마을은 지금 고운 색을 입은 단정한 마을이 되어 있다. 구획이 잘 나뉜 도로에 신경 쇠약 직전의 공원과 교회, 박물관 등 마을 주민이 자기 동네를 자랑스럽게 여길 만하다. 이발소만 해도 그렇다. '모든 걸 제자리에' 정신에 입각한 깔끔함은, 바닥에 떨어진 머리카락조차 줄을 선 느낌이다. 일부 성난 바닷바람에 마모된 페인트칠이, 굳이 결벽주의자가 꼽을 수 있는 단점이라면 단점이랄까. 쿠바에서는 흔한 혁명 슬로건과 히네테로(외국인 상대의 '삐끼')도, 쿠바답게 인터넷도 없다. 문명의 노예인 우리가 평생 살고 싶지는 않지만, 유예기간을 두면 좋겠다는 마음이다.

몸이 근질근질해질 무렵, 탕탕이 칼레토네스 해변으로 가겠다는 호기를 부린다.

히바라
✈ Gibara

　이곳으로부터 그곳까지는 '고작' 17km라 만만하긴 하다. 그런데 눈동자만 돌려도 "아미고(amigo, 친구)!"하던 택시 기사가 실종 상태다. 쿠바의 야타 족 다 어디 갔지? 그나마 찾은 히바라 택시 기사는 이 '고작'을 '어려운'으로 해석한다.

　급기야 호연한 우리를 슬슬 피한다. 도로 사정이 좋지 않다는 이유다. 도로가 끊겼나? 이봐, 도로 설계 기준상 대부분 쿠바 도로는 이미 실격이잖아. 선의를 베푼다는 기사는 수고비를 추가해 예상보다 5배 넘는 가격으로 야심을 내비쳤다. 그때 들려온 먼 북소리, 아니 덜커덕 덜커덕 희망의 말발굽 소리. 마을 안쪽을 달리는 달구지였다. 띠로리~ 운명처럼 나의 까만 눈과 탕탕의 파란 눈에 번개가 쳤다. 이가 없으면 잇몸으로! 이 백마가 끄는 마차로 말할 것 같으면, 쿠션감 없는 나무판자 의자와 너덜거리는 타이어가 자랑이다. 웃돈을 쥔 백마 위로 우리 엉덩이도 갈 길을 찾았다.

　그러나 엉덩이는 알고 있었다. 시내를 벗어난 도로는 도로가 아니다. 해변을 낀 도로이긴 하나 낭만이 쏙 빠졌다. 좋게 말하면, 화가 잭슨 폴락의 액션 페인팅 작품? 자갈밭 위로 얼룩덜룩 아스팔트가 깔리고, 군데군데 움푹 팬 구덩이는 타이어를 도륙할 만반의 준비가 되어 있다. 우리의 엉덩이는 다시 갈 길을 잃었다. 땅의 과격한 리듬에 따라 산전 수전 공중전! 하도 어이없어 웃다가 혀를 깨물기도 한다. 말 마차라서 가능한 경험이다.

더디게 온 칼레토네스 해변은 히바라 옆 비밀 낙원이다. 이 빠진 야자수잎 파라솔만이 바닷바람을 견딜 뿐, 순결한 바다는 오롯이 우리 독차지다.

길에서 모래찜질을 한 몸을 입수했다. 고생 끝에 온 낙 좀 누리는데, 먼발치에서 한 사내가 흐느적거린다. 헤어스타일은 이발사 대신 바람에 맡긴 지 오래되어 보이고, 여느 정상인의 체구도 풍뚱하게 하는 딱 '거렁뱅이'다. 설마 여기까지 시가 팔러 온 거야? 그는 재빠르게 모래 위로 태양 같은 해파리를 그린다. 이어진 모래 그림 왈, 이 주변의 바위 아래 해파리가 자주 출몰하니, 고운 모래가 있는 쪽으로 이동해 수영하라는 조언이다. 오늘 밤 큼직한 거북이와 참치를 사냥하러 간다는 그는, 해변 맞은편의 동굴 수영장을 소개하고는 사라졌다. 마음 씀씀이는 따뜻한 대서양 감이다.

일장춘몽이라 해야 할까. 칼레토네스 해변에서의 약 2시간. 수영장에 발도 담그기 전, 돌아가자고 씩씩대는 백마가 우리 앞에 섰다. '하긴' 도로는 애꿎은 전등 하나 없었다. '하긴' 17km 거리를 1시간 반 만에 주파했다. 불행을 예감했는지 엉덩이는 씰룩씰룩 요동친다. 어떻게든 되겠지.

그렇겠지.

거지 옷을 입은 왕자 도시

산티아고데쿠바(Santiago de Cuba)

한 가이드북에서는 쿠바를 일컬어 '거지 옷을 입은 왕자'와 같다고 비유한다. 쿠바 제2의 도시가 딱 그렇다. 그만큼 야누스의 얼굴을 지닌다. 겉으로는 불쾌지수가 높을 일이 많다. 아바나만큼 아드레날린이 솟구치는 동네 '흑형'과의 마찰은 불가피하고, 중앙 공원에 앉아 있으면 매연 탓에 급성 폐렴을 얻을지도 모른다. 반면, '부에나 비스타 소셜 클럽' 소속 뮤지션을 배출한 문화적 뿌리를 자랑하듯, 대낮에도 노상 댄스는 황홀경을 맞이한다. 자연과 도시, 해양의 삼중주를 절묘하게 탑재한 도시는 쿠바 어디에도 없다. 결국, 호불호가 갈린다. 위험하면서도 낭만적이다.

여행이 묻는다. 우리의 선택은? 그리고 당신의 선택은?

Cuba

쿠에르나바카 _ 멕시코시티 _ 와하카_ 마순테 _ 산크리스토발데라스카사스

산로렌조시나칸탄 _ 산후안차물라 _ 툴룸 _ 체투말 _ 산페드로

쿠에르나바카

또, 여권이 없어졌다

쿠에르나바카(Cuernavaca)

"어…, 여권이 없는데?"
"에이, 장난치지 마."
연기력은 빵점인 탕탕 앞에서, 도난임을 감지한 가슴은 '콩닥콩닥', 다리는 '후들후들'이다. 나의 희망은 껌 값이었나. 희망이 없기에, 애써 희망부터 품었다.
"설마. 잘 찾아봐. 숙소에 두고 오지 않았을까?"
이쯤 되면 떠난 남친의 바짓가랑이를 잡는 미련이다. 악몽이었으면 좋겠다.

쿠바에서 볼살이 쏙 빠져 돌아온 후, 우리는 멕시코 시티에서 매일 살찌기를 거듭했다. 타코의 토핑은 듬뿍, 토르타는 기름지게, 케이크는 1조각 말고 2조각! 조금 무거워진 우리는 포만감과 함께 따뜻한 남쪽, 쿠에르나바카로 향한다. 여기는 상류층이 큐피드의 화살을 날리는 도시다. 옛 아즈텍 황제의 피서 별장이 있었듯이, 돈을 쥔 현대판 권력자가 이곳 별장이나 농장 하나쯤은 소유하고 있다. 돈이 몰리는 곳이기에, 그것을 뺏고자 하는 자도 우글대는 것은 자명하지만 불행한 현실이다. 체감은 그보다는 엉큼한 쪽이다. 걸을수록 픕, 사소한 즐거움이 충전된다. 벽과 문 앞마다 장인정신 어린 조각상이 각인되고, 타일로 가꾼 아리따운 푯말이 길을 안내한다. 이런 사소한 디테일에 흔들리는 두 별종은 체류 견적서를 뽑았다. 멕시코 시티를 떠난 기념, '일주일간 죽치기'다.

도보 여행은 더디게 진행되고 있다. 이 도시가 숨긴 디테일을 집어삼키겠다는 심정으로 카메라의 셔터는 비자발적으로 눌리고 있다. 커다란 원을 걷는다. 광장에서 교회로, 교회로부터 시장으로 무작정 헤매고 다니다 도심의 모렐로스 거리로 되돌아왔다. 텅 빈 뱃속을 향신료 범벅의 견과류로 채우며 걷다 보니, 어느덧

쿠에르나바카
✈ Cuernavaca

보르다 정원이다. 문 앞에서는 여권을 요구한다. 미리 준비한 옐로카드를 꺼내듯 기세등등하던 탕탕. 이내 당황한 기색이 역력하다. 농담, 아니면 연기? 버뮤다 팬츠의 주머니를 더듬는 탕탕의 손길은 급속도로 빨라지고, 대관절 네게 있어야 할 여권을 내게서 찾을 때 나 역시 음탕하게 그의 몸을 더듬고 있다. 또 그렇게 떠나버리고 마는가. 오른쪽 주머니에 나의 여권은 있건만, 왼쪽 주머니에 있어야 할 그의 여권은 부재중이다.

우리는 본능적으로 기억 재생 장치를 발동한다. 잠시라도 멈췄던 곳을 집중 수색했다. 탕탕이 실수로 숙소에 두고 왔을 수도 '있다'. 도시의 끝인 살토데산안톤 협곡(Salto de San Antón)의 벤치에 흘렸을 수도 '있다'. 채워진 지퍼를 열고 탈출할 만한 생물도 아니건만, 확률 0.00001%란 가능성에도 우리를 걸었다. '있다.'는 '없다.'로, 희망의 끈은 뚝 끊겼다.

수습은 우리 몫이다. 프로 도난 해결사답게(썩 기분 좋은 일은 아니다) 투어리스트 경찰서에 보고 후 경찰서 본부로 직행했다. 도난 신고서를 작성하니, 경찰은 여권과 더불어 출입국 신고서(멕시코 입국 시 잘 챙겨두라고 했던 종이 한 장)도 새로 발급받아야 한다는 무거운 숙제를 던져줬다. 모든 해결점은 멕시코 시티에 있다. 탕탕의 여권은 머나먼 프랑스로부터 비행기를 타고 프랑스 대사관으로 인도되어야 할 것이다. 출입국 신고서의 발급처와 소요 시간 여부도 확인해야 할 것이다. 그곳에는 아마도 스페인어만 잘하는 공무원이 일하겠지? 이것으로 두 번째, 모진 도난 사건의 피해자인 탕탕은 기어이 신선으로 다시 태어났다. 누가 누굴 위로하는 거야, 대체.

"진짜 어쩌냐… 망했어."
"괜찮아. 인생 끝난 거 아니잖아." 내가 아니라 피해자의 말이다.
"그런데, 그 도둑놈 진짜 프로다. 그렇지?"
"어. 진짜, 정말, 아무 느낌도 안 받았다니까? 놀라워."

예정했던 쿠에르나바카에서의 일주일이, 예상치 못한 멕시코 시티에서의 한 달로 전혀 다른 국면을 맞이하고 있다. 빽 투 더 멕시코시티. 젠장.

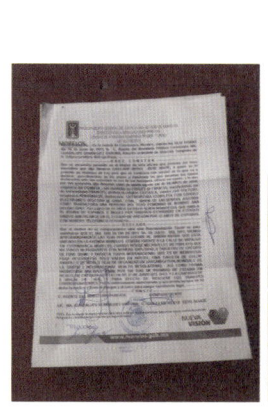

러브모텔에서의 한 달

멕시코시티(Ciudad de México)

　같은 장소, 다른 시각의 부등호는 색다른 '앎'의 결과치를 낸다. 한 레스토랑을 성수기에 갔는지, 비수기에 들렀는지에 따라, 혹은 모두의 배꼽 시계가 울리는 점심 때 갔는지, 한가한 오후 3시에 들렀는지에 따라 다르듯. 그 시각은 존재감의 일부만을 눈치채는 한계를 지닌다.

　알다시피 멕시코 시티를 벗어나지 못하고 있다. "우리가 그리도 그리웠어?!"라고 멕시코 시티 땅을 다시 밟으며 윽박질렀다. 쿠에르나바카에서의 여권 도난 사건 후 멕시코 시티에서의 장기 투숙은 의무다. 우리는 기존 호스텔에서 벗어나 다른 선택을 했다. 새로운 숙소의 조건은 단순하다. 프랑스 대사관과 이민 비자 협회에서 가까울 것, 그리고 유통 기한 모르는 기다림이기에 저렴할 것. 이 2가지

조건만 충족한다면, 그 외의 조건 따위는 단물 빠진 껌에 지나지 않는다고 생각했다. H 호텔(분명히 호텔이라고 했다)을 선택하면서 맞장구 쳤다. "대단해. 완벽한 선택이야."

하루 이틀을 체류하면서 감격은 뭉게구름이 되어간다. 역시 탁월했다. 기존 호스텔에 비해 살인 병기인 모기가 없다. 짐을 펼침 면으로 놓을 수 있는 완벽한 프라이빗 룸이다. 휘영청 밝은 달처럼 매일 청소해준다. 엎어지면 코 닿을 정도로 지하철역과 가깝다. 매일 파티로 밤의 끝을 잡는 이들도 없다. 복도에 작업실처럼 이용할 수 있는 전용 테이블이 있다. 게다가 가격을 협상할 줄 아는 주인의 은덕까지! 에드워드 호퍼 〈Hotel Room〉 그림 속 상실감과 고독 따위는 그곳에 없다. 발굽을 고대하며, 우린 호텔에 박제된 수준으로 머물렀다.

그리고 그로부터 5일 후.

우리가 작업실로 이용하는 2층 복도에서는 두 갈래의 행로로 나뉜다. 왼쪽, 그리고 오른쪽. 신관과 구관으로 나뉜 이 갈림길에서는 때로는 병목 현상이 벌어졌다. 다양한 연령대와 표정의 커플이 오르고 내리기를 거듭한다. 투숙객이었다면

멕시코시티
✦ Ciudad de México

익숙해질 법한 얼굴이 모두 생경하다. 1시간 전 손님과 지금의 손님은 DNA도, 생김새도 다르다. 스태프는 서둘러 침대와 베개 커버를 갈아치운다. 손님이 떠난 자리, 방 바닥은 강력 파워 세제로 팍팍 문질러졌다.

이곳 사랑의 온도는 1,100℃… 불구덩이 속이다. 탕탕은 내가 낮잠 자러 간 사이 한 여인의 괴성(!)까지 들었다고 엄숙하게 증언했다. 맙소사, 이곳은 러브 모텔이었던 것이다! 급기야 계단 오르는 것조차 힘겨워하던 중년 남성이 한 여성을 황홀경에 빠지게 하면서, 건물 전체가 흔들렸다. 내 노트북의 커서는 깜빡깜빡 제자리 걸음이다. 인구의 대부분이 가톨릭교인 이 땅에도 불륜, 혼전 섹스, 혹은 또 다른 허니문을 누리는 열정은 불타고 있다. 전 세계 사랑은 무죄일까.

며칠간 사건(!)의 추이를 파악한 결과다. 이 호텔의 오른쪽 구관은 '쉬어가는' 손님을 위해서만 전격 개방한다. 아니다, 쉬어가는 호텔 구역이다. 2시간, 3시간 혹은 정액제 멤버십을 운영한다. 멕시코 내 비밀 네트워크를 통해 활달한 프로모션 홍보도 하고 있을지도 모른다. 모텔 이름의 뜻은 교묘하게도 '정글'. 숙소 예약 홈페이지를 뒤져봤지만, 이와 관련된 어둠의 댓글은 실종 상태다. 청소 상태와 주인의 친절도, 위치 등에 관해 댓글을 단 이들은 모두 낮이면 팔랑개비처럼 떠도는 여행자였기 때문이다.

어느 날, 삐에로 분장을 한 커플이 쫓기듯 '잘못된' 왼쪽으로 길을 들어선다.

갈림길에 앉은 우리의 손가락은 동시에 한 방향이다.

"저기! 오른쪽으로!"

"고마워."

우린 '잠정적으로' 모텔(모텔이라고 썼다)의 S 비즈니스에 공범자가 되기로 합의했다. 주인이 어찌 숙박비를 팍팍 깎는 아량을 베풀 수 있었는지, '암묵적으로' 이해했다. 밤 손님은 모두 떠나고, 밤하늘만 고독하게 남았다. 탕탕의 여권과 관광 비자에도 봄은 오는가. 고맙다는 인사가 비참할 수도 있음을 알게 한 나날이다.

'제발 고맙다고 하지마.'

우리가 사모했던 모든 것

멕시코시티(Ciudad de México)

멕시코란 우주의 모든 것을 탈탈탈. 멕시코는 정의 내려지지 않고, 정의할 수 없으며, 정의하고 싶지 않기에 매력적인 무정형 도시다. 그저 우리가 꽁꽁 숨겨왔던 마음속 멕시코의 폴더들.

우리 위장에 장기 투숙 중, 〈Pasteleria La joya〉

여행하면서 줄어든 고민 중 하나는 바로 '먹는' 고민이다. 어디에서 무엇을 골라 먹을 지가 아닌, 무엇을 먼저 맛볼지에 대한 선택적 포화 상태로 로댕의 조각이 된다. 난독증이 몰려오는 이곳 메뉴 판의 어떤 음식도 별점이 높다. 손이 큰 이모의 양은 며칠 굶은 거지까지도 구원할 기세다. 게다가 가격은 세상 물정 모르고 낮다.

멕시코시티
✈ Ciudad de México

특히 영혼의 '치킨 수프'는 잔걱정까지 녹이는 특효약이다. 반은 식당, 반은 빵집, 팔 할은 이곳을 사랑하는 단골손님이다.

❖ Address 5 de Febrero 49
❖ Contact 5709-4531

왜 '프리다 칼로'는 배불뚝이 아저씨와 사랑에 빠진 걸까, 〈Museo Frida Kahlo〉

나에게 '프리다 칼로'란, 달콤한 진흙탕 같은 존재다. 그녀의 영감에 허우적대고, 그녀의 운명에 함께 기구하게 빠져버리는. 프리다 칼로 박물관은 그녀가 실제 거주한 집이자 그녀의 격정적인 인생을 스토리로 가시화한 곳이다. 공간이 그녀 자체로 여겨질 만큼 편집증 있는 전개가 일품. 배불뚝이 디에고 리베라와 사랑에 빠진 이유를 여기서 찾았다. (멕시코 정부도 쉽게 건드리지 못한) 그의 '또라이' 기질이다.

❖ Address Londers 247, Del Carmen Coyoacan
❖ Contact www.museofridakahlo.org.mx

살찔 각오는 단단히 되어 있겠지? 〈Pastelerla Ideal〉

'빵순이', '빵돌이'의 개념을 떠나 '스트레스'님은 단맛으로부터 구원받는다. 끝없이 쟁반에 빵을 주어 담는 것은 우리의 탐욕이 아니라 빵집의 자신감이다. 코가 민감하게 벌렁거리는 빵 냄새에 끌려 부스스 부서져 버린 페이스트리에 주저앉기 마련. 맛은 감동 혹은 만족이다.

쟁반에 성을 쌓는 사람과 계산대의 긴 줄은 또 하나의 시그니처다. 과격하게 싸운 그 날, 우리는 이곳 케이크를 앞에 두고 평화협정을 전격 체결한 바 있다.

❖ Address Republica de Uruguay No.74
❖ Contact 5512-2522, 2542

매주 일요일의 단골집, 〈Museo Nacional de Arte〉

얕보고 늦게 들어갔다가는 다시 방문해야만 하는 귀찮음이 따른다. 멕시코의 문화적 파워가 얼마인지 소름 끼치게 알려주는 박물관이다. 이곳은 시간을 초월한다. 고풍스런 아르누보 양식 아래 맛보는 터치스크린과 앱 등 현대적 전시는 짜릿한 시간 여행 그 자체다. 늘 깜짝 놀라게 할 기획 전시도 준비 중이다. 매주 일요일이면 이곳에 자석처럼 끌려갔다. 왜? 심지어 공짜니까. 우리는 언제 떠나나.

❖ Address Tacuba 8, Centro Historico
❖ Contact www.munal.mx/en

언제 터질지 모르는 감성 폭탄, 〈Centro Historico〉

불시에, 영문도 모른 채 운명처럼 만난다. 걸을수록 우리는 부자가 된다. 공연과 전시가 모두 활짝 개운한 하늘 아래 펼쳐진다. 골목의 모퉁이는 색소폰, 소칼로 광장은 아스테카 문명의 후예 댄서가 오감을 통째로

멕시코시티
Ciudad de México

훔친다. 부지런히 바뀌는 벽화로 어제 본 거리는 어느새 다른 거리가 된다. 오늘 밤은 어찌된 영문인지 팔팔한 무리가 거리를 전세 내며 춤춘다. 어느새 팔짱 끼고 도는 우리는 댄서인가, 여행자인가. 24시간 에너지는 풀 가동 중이다!

기적의 알파와 오메가, 〈Basilica de Santa Maria de Guadalupe〉

성당과 동산의 완벽한 콜라보레이션이다. '세계 3대 성모 발현지(기적의 발상지)'라는 역사적인 중요성에 들렀다가, 그곳을 아우르는 콘텐츠에 홀려 2번이나 오르락내리락했다. 위치에 따라 가슴을 가격하는 콘텐츠의 결이 다르다. 성당 내에선 순결한 인간의 신앙심을, 동산의 정상에선 세상의 중심에 선 듯한 전경을. 과달루페 성모를 향한 억겁의 두 손을 보며 희망이 커진다. 우리의 여행도 참 기적이로구나.

❖ **Address** Plaza de las Americas 1, Villa de Guadalupe, Villa Gustavo A. Madero
❖ **Contact** basilica.mxv.mx/web1/-home

식탐 폭발 경보

와하카(Oaxaca)

　이건 분명히 잘못되었다. 청천벽력 같은 소식이다. 탁스코에 다음 행선지인 와하카로 남향하는 직행버스가 있을 거라 (우리만) 믿었다.

　선택은 두 가지다. 하나는 탁스코에서 멀고 먼 멕시코시티로 쭉쭉 (또) 갔다가, 와하카로 다시 하강하는 것. 이럴 줄 알았으면 멕시코시티와 영원한 굿바이 인사를 하지 않았을 테고, 죽음의 언덕이 도사리는 이곳까지 언덕만한 짐을 끌고 오지도 않았을 것이다. 다른 하나는 탁스코에서 쿠에르나바카로 살짝 (다시) 올라가 푸에블라를 거쳐 와하카로 꺾어 내려가는 것. 후자의 환승 시간대는 오리무중이다.

　그렇다면 우리의 선택은? "(덜 환승하는) 멕시코시티요." 이쯤 되면 읽는 사람도, 쓰는 나도 지겨운 그 이름, 멕시코시티. 터미널에서 승리는 없는 2장, V자를 그렸다. 남향해야 할 우리는 다시 북상 중이다.

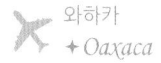
와하카
✈ Oaxaca

"와하카!"

오전 7시 반 탁스코에서 출발한 우리가 이 도시의 이름을 듣기까지 9시간이나 걸렸다. 눈곱 낀 주제에 서로의 얼굴은 싱글벙글했다. 왜? 바로 이곳, 와하카는 우리 식탐을 무장해제할 만한 만찬이 기다리기 때문이다.

와하카는 현지인이 더 노래를 부르는 도시다. 팜트리 아래 온화한 날씨가 있고, 문화 재산이 풍부하며, 예쁘게 단장했다. 이 끌림에 방점을 찍는 건 바로 음식. 추천하는 현지인도 입맛부터 다신다. 비교라는 게 무색하지만, 우리나라로 치면 전주쯤 된다고 할까. 엄청난 땅덩어리이기에 상대적으로 묻히는 게 많을 법하지만, 멕시코는 어찌된 영문인지 도시를 건널 때마다 다른 나라 같다. 엄청난 우리의 위장도 식도락 여행에 빠질 준비가 되어 있었다.

처음 영접한 건 몰레다. 어떤 식당에 들어가도 메뉴판은 몰레를 따로 분류한다. 몰레는 말하자면 여러 재료로 버무린 소스다. 카레나 짜장 쯤으로 생각하면 쉽다. 주문한 접시는 밥이 빠져 죽을 소스가 호수를 이룬 풍경이었다. 소스마다 첨가된 재료는 최소 20가지 이상으로, 멕시코 몰레의 종류와 요리법만 해도 책 한 권은 뚝딱 쓴다. 와하카표 몰레는 검붉은 색, 누런 색, 연두색 등 색깔로만 구분해도 7가지를 가뿐히 넘긴다. 그 중 우리의 엄지 척은 바로 몰레 네그로. 사실 보기에는 식욕을 뚝 떨어뜨린다. 아무리 잘 말해도 (미안하지만) 똥색이다(심지어 몰레 베르데는 설사 색 같다. 다시 미안하다). 그러나 맛을 보면 5가지 맛이 입안에서 작은 전쟁을 치른다. 쓴맛인 듯하다가 단맛이 배어 나오고, 신맛이로군 발견하면 매운맛, 짠맛이 그 위를 덮쳤다. 미식가 탕탕은 그 맛의 진위를 알고 싶어 미치는 성격이다. 한 숟가락 뜨고는 눈동자를 치켜들어 무시무시한 흰자를 드러내더니 다른 숟가락을 뜬다. 그만큼 미식가에게는 소스의 비밀이 무엇인지 탐구심을 불러일으키는 음식이다. 레토르트 음식과 절친인 나 역시, 이런 묘한 균형을 이룬 음식을 먹어본 적이 없기에 한술 더 뜬다. 남은 소스는 토르티야로 박박 긁어먹는다.

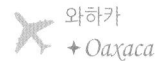
와하카
✈ Oaxaca

그제야 입을 열려는 탕탕의 새카만 입을 틀어막았다. 이를 드러내면 동네에 소문 날 바보 팔푼이가 되어 버리니까. 아무튼 시작이 좋다.

다음의 먹잇감을 위해 진격한 곳은 '11월 20일 시장'이다. 시장은 현지의 경제 사정을 송두리째 담는 도시의 축소판이다. 돈이 아쉬운 우리에게는 그 지방의 음식을 파악하는 바로미터요, 향토 음식과 길거리 음식이 버무려져서 선택의 폭도 넓은 뷔페다. 어디에서 맛볼지 굳이 가이드북을 펼칠 필요도 없다. 가격은 정찰제인 양 비슷하고, 사람들이 바글거리는 곳이 맛집이다. '3대째 한 자리에서'를 레퍼토리로 하는 식당이 줄을 이었는데, 대부분 틀라유다(Tlayuda)에 총력을 기울인다. 큰 토르티야 위에 팥죽 같은 검은 콩을 펴 바른 후 토핑을 선택하는 멕시코식 크리스피 피자다. 토핑은 치즈, 초리조, 양배추, 아보카도, 토마토 등 이쯤 되면 사실 뭐라도 얹어 먹을 기세다. 우리나라로 치면 광장 시장의 빈대떡 같은 존재감인데, 대체 어떻게 먹어야 할지 감이 안 잡힌다. 나이프와 포크로 KFC 치킨을 잘라서민 흉내를 내는 트럼프의 난감함이 그곳에 있었다. 칼질할까 하다가 손으로 부숴 토핑을 끌어 올려 먹었다. 바삭한 토르티야가 부서지면서 식감과 온도가 다른 토핑이 쳐들어온다. 소름 끼친다.

금강산도 식후경이지만, 주말에는 오코틀란 시장 구경부터 한다. 연어처럼 다시 어제의 그 시장으로 돌아왔다. 시장의 끝, 119 소방대를 불러야 할 것 같은 혼탁한 정육 식당 코너가 우리의 저녁 상이다. 이곳에는 육감이 춤춘다. 연기로 눈은 맵고, 냄새로 코는 벌렁거리고, 마리아치 음악으로 귀는 쫑긋해지는 등 버라이어티하다. 부스마다 빨갛고 기름진 소고기의 부위, 부위가 주렁주렁 매달려 있다. 구워진다. 대형 환기통도 주체하지 못할 연기 아래로 인간을 위해 살신성인 정신으로 구워지는 소고기다. 맛을 봤다.

오, 신이시여! 고기를 먹지 못해 귀가 아프다는 자가진단 의사인 탕탕도 포족한 눈치다. 맛은 단순히 음식만이 아니라 그날의 공기와 환경, 분위기의 기록임을 이곳에서 깨달았다. 500g이 순식간에 사라진 빈 접시를 보았다. 금세 폭발할 지라도, 기름덩이 벽이 무너지더라도 여전히 고기를 먹을 우리가 오버랩 됐다. 그런 의미에서 500g 더!

사실 와하카를 모조리 음식으로만 도배한 것이 아쉽고 미안하다. 그곳에는 금이 번쩍번쩍한 산토 도밍고 성당도 있고, 내 안의 감각을 일깨운 와하카 그래픽 아트센터도 있었다. 그러나 때로는 한 도시의 인상이 모조리 한 방향으로 흐르기도 한다. 먹는 게 진짜 남는 건지도 모른다(살이 아니길 바란다)는 의심에 대한 확증이었다. 여행도 뭐, 먹고 살자고 하는 인생의 연장선이니까. "뭐가 제일 맛있었어?", "진짜 맛있다, 그지?"가 무한 반복되는 나날들이다.

어느 히피 낙원에서

마순테(Mazunte)

　와하카에서 든든히 배는 채웠지만, 고픈 게 있다. 바로 저 푸른 바다! 와하카로부터 태평양까지는 261km, 거친 산을 거슬러 올라야 한다. 귀가 먹먹해질수록 뭉게구름이 부서지더니만, 벌건 대낮에 깜깜한 밤이다. 먹구름이 들이닥치다가 그야말로 안개 속. 뒤이어 폭풍우까지 세트로 몰아닥친다. 운전자는 상체가 상실된 산사람을 피해 순전히 감으로만 꼬부랑길을 운전하고 있다. 생사의 기로에서 해변 진입의 관문이 되는 도시 포추틀라에 도착했을 때, '비키니 입고 탈걸' 후회한다. 도로는 이미 태평양이다. 택시는 빗속을 3D 영화처럼 스펙터클하게 뚫고 숙소에 도착했다.

　어둠 속에서 한 유형 물체가 꿈틀댔다. 서서히 드러난 실체. 햇볕에 오래 숙성

마순테
✈ Mazunte

된 피부와 대머리가 되기 5초 전의 헐벗은 헤어, 탈의한 상의 아래 곰삭은 스포츠 반바지, 세상을 등진 도인의 표정…. 숙소인 카바냐스 발라무육(이하 발라무육)의 주인 에밀리아노다. 이곳에 대한 희비가 엇갈리는 여행자 리뷰가 떠오른다. 누구는 천국이라 했고, 누구는 지옥이라 했다. 바로 앞에 태평양이 없었다면, 그 길로 되돌아갔을 것 같은 충격적인 인상이다.

발라무육은 야생의 태평양을 조망한 채 산의 중턱에 기적처럼 몸을 세운 천연 원두막 집이다. 힘 좋은 야자수와 대나무 등 마순테산 천연 나무로 잇고 괴어 지은 자연 그 자체다. 덕분에 인간이 야생이고 싶은 오만한 바람도 이곳에서는 실현된다. 밀물과 썰물에 따라 숨 쉬고, 빛을 따라 몸을 뉜다. 맨발로 야한 파도 소리를 '본다'. 태평양이 몰고 온 코발트 빛 바람은 온몸을, 아니 지난 나의 과오마저 정화해주는 게 분명하다.

무엇보다 이곳을 기억하는 건 히피적 내공이다. 주인이 손님이요, 손님은 곧 주인이다. 손님에게 빈방 있냐고 묻고, 주인에게 이곳 주인은 소문대로 괴상한지 묻곤 한다. 동네북이기도 했다. 하룻밤 사이 새 손님이 들락날락, 낮잠을 청하거나 허기를 채우거나 수다를 떤다. 어쩌면 8백50명 남짓한 이 촌 동네 주민 누구나 한 번쯤 이곳을 들렀을지도 모른다. 위아더월드(We're the world)를 적극 선도하고 있었다.

특히 야외에 노출된 거실은 이곳을 진입하는 통과의례이자 하루의 시작과 끝이

된다. 우리에게는 스케줄이 따로 필요 없다. 거실에 앉자마자 '모르는' 스케줄이 잡힌다. 누군가 제조한 커피로 아침 잠을 깨고 누군가 과일로 수놓은 식사에 고개를 끄덕이면, 오전은 훅 지나간다. 동네 청년이 갓 잡아 온 생선 요리를 먹을 머릿수에, 어느새 우리가 끼여 있다. 어느 날 라벤따니야 라군에 가자고 약속한 주인의 차엔 시동이 걸리지 않고, 대신 영혼까지 힐링할 수 있다고 호언장담하는 그의 마사지를 계량했다. 이곳에서는 책을 읽는 건설적인 행위보다는 해먹에 누워 흔들리는 하늘과 바다를 관조하는 편이 옳았다. 분명히 오후 1시였는데, 벌써 오후 7시다.

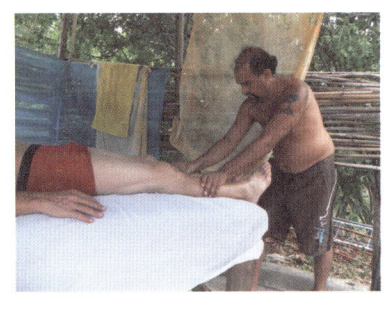

덕분에 마순테에서는 벌거벗은 평온함을 진하게 맛보았다. 뭔 짓을 해도 이상해 보이지 않는 어떤 해방감이다. 정해진 시간과 약속, 허물 따위는 태평양에 던져버려! 앞바다에서 볼륨 있는 언니들이 비키니를 풀어헤친 이유도 여기 있을 것이다. 기존에 생각한 평화가 모두 구속이라고, 발라무육은 소리친다.

"언제 떠날 거야?"라고 물으면, 모두 무시하듯 답한다.

"글쎄…. 그런데 그런 멍청한 질문이 대체 어디 있대!"

낙원에 있은 지, 벌써 나흘째다.

산크리스토발데라스카사스
✈ *San Cristóbal de las Casas*

낙원으로부터 2% 부족할 때

산크리스토발데라스카사스(San Cristóbal de las Casas)

산크리스토발데라스카사스(이하 산크리스토발)의 버스 터미널 안. 배낭 깊숙이 잠자던 겨울 점퍼를 꺼내 입는다. 2백만 ㎢에 가까운 멕시코의 덩치는 도시를 건널 때마다 계절을 갈아치우고 있다. 어제는 여름이었다가 오늘은 겨울. 입술은 사막처럼 쩍 갈라진다. 체감으로 해발 2,200m 산 중턱에 터를 잡은 치아파스 주에 왔다는 신고식을 치른다.

산크리스토발은 멕시코의 꼬리뼈 같은 동쪽 내륙에 있다. 체온은 뚝 떨어진 반면, 활기는 쭉 치솟는 동네다. 다양한 국적과 나이의 사람들이 거리를 활보한다. 살가운 팔짱을 낀 유럽인 노부부 사이로 아랍계 가족이 다정한 무리를 짓고, 아시아계 커플이 희희낙락 수다를 떨며 우릴 흘겨본다. 국경이라도 무너졌나? 심지어 멕시코에서도 치아파스 주는 오지에 속한다. 게다가 찢어지게 가난한 주다.

여기서 '가난하다.'는 정의는 아이러니하게도 이렇다. 천혜의 산이 있고, 그 속에서 여러 인디오가 생을 이어간다는 것. 문명인이 세운 평균 GDP에 인디오는 늘 미달했다.

우린 이곳을 '오감 만족 여행지'로 허락했다. 치아파스주의 문화적 주도란 명패에도 승복한다. 산크리스토발은 원주민을 근사치로 만날 수 있는 데다가 지리적, 문화적 풍류를 만끽하는 필요충분조건을 품었다. 유럽 뺨치는 보행자 도로를 중심으로 동서남북 교회가 수호신처럼 세워진 시내 산책을 비롯해, 차물라와 시나칸탄 등 인근의 인디오 마을 방문과 유네스코에 지정된 몬테베요 호수 및 수미데로 협곡 등 외곽 지역을 투어하는 옵션까지. 뭘 더 바라냐는 식이다. 게다가 그간 멕시코 음식으로 편식했던 우리의 위장도 제대로 영양 보충을 한다. 프랑스, 그리스, 이탈리아 등 위장은 세계의 식도락에 깔깔 웃는다. 그 속사정도 반갑다. 한 프렌치 셰프 통신원에 따르면, 약 16만여 명이 거주하는 산크리스토발의 중심가에만 해도 3~4백명의 유럽인이 터를 닦았다고 했다. 먹고 살기 좋기 때문이다. 여기서는 상인을 대상으로 한 갈취나 자식의 납치, 유괴 등 멕시코의 불명예는 실종 상태라 했다.

그래서였구나. 어딜 가든 렌탈 하우스 광고가 벽을 도배한다. 식도락과 힐링, 역사 등 각종 여행 테마를 핑계 삼은 장기 투숙자를 위한 배려다. 마이너스 통장 인생인 나도 신중히 본다. 한 달에 약 1,200MXN(멕시칸 페소, 약 11만원)로, 부엌도 있고 와이파이도 되고 더운 물도 콸콸 나오는 '집' 다운 집이다. 네덜란드 아내를 맞이한 멕시코인 추이도, 멀쩡한 집이 마사틀란에 있음에도 이곳에 3달간 체류할 새 보금자리를 마련했다. 낙원이 이곳이라는 그는 딱 한 가지 불평을 했다.

"비가 많이 오는 것만 빼고요…."
하기야 뭐든 완벽할 수는 없겠지.

산크리스토발데라스카사스
✈ *San Cristóbal de las Casas*

산로렌조시나칸탄
✈ San Lorenzo Zinacantán

우리는 배다른 가족

산로렌조시나칸탄(San Lorenzo Zinacantán)

우리는 산크리스토발 시내에서 희생양(?) 놀이를 즐겼다. 놀이의 룰은 따로 없다. 보행자 도로의 야외 카페 테라스에 엉덩이만 붙이면 끝. 곧 테이블은 무국적 갤러리로 둔갑한다. 나무 미니어처가 전시되고, 패턴 블라우스의 탑이 쌓인다. 갤러리의 주인공은 인디오 상인이다. 산에서 원정 와 프리랜서로 활약하는 그들은, 수공예품을 머리에 이고 어깨에 지고 끝없이 돌아다니는 움직이는 상점이다. 어김없이 우리에게도 불나방처럼 날아온다. 그들의 집은 대부분 산크리스토발 외곽 마을인 산로렌조시나칸탄(이하 시나칸탄)과 산후안차물라(이하 차물라) 언저리다. 둘 다 마야문명의 후손인 초칠이 거주하는 산악 마을이다. 마야 문명의 전통을 완강히 잇는 뚝심은 유난히 외부인과 거리를 두는 눈빛으로도 알 수 있다. 그들의 공식 언어 역시 스페인어가 아닌 초칠어다.

시내로부터 출발한 지 30여 분, 시나칸탄에 도착한다. 흐드러진 꽃의 황홀경이다. 이들의 주 수입원인 꽃밭은 마을 주민의 전통 복장으로 퍼진다. 나이도, 성별도 잊은 채 몸에 피어난 꽃이라니, 기성복을 입은 5명의 동행인만 완벽한 잡초 신세다. 가이드로 동행한 숙소 주인 알뚜로의 꽁무니를 따라 전망대로! 산의 초입에서 그는 쓰러져가는 집으로 쓱 사라진다. 이유는 미리 밝혔다. 마야인에게 신성시되는 산이기에, 외부인만의 출입은 금지다. 인디오와의 동행이 일종의 통행권인 셈이다. 오가는 밀어 속에서 산행은 허락됐다.

가히 대가족의 산행이다. 갓난아기를 포대기에 싸서 안은 두 어미, 그리고 세 딸이 합세해 식구가 크게 불었다. 딸의 고사리손과 좁은 어깨에는 장정이나 들 법한 마체테(벌채용 큰 칼)와 보따리가 묶여 있다. 우리는 전망을 위해, 그들은 땔감을 위해. 같은 방향, 다른 목적이다. 당장 쓰레기통에 직행해도 문제없을 이들의 슬리퍼 뒤로, 우리의 무적 트레킹 슈즈가 따라간다. 동행하던 프랑스 여인 샬롯은 뒤처지는 딸의 손을 꼭 잡았다. 먼지를 입은 아이의 발가락이 꼼물거렸다.

꼬맹이가 팔짝팔짝 앞서니, 만만한 산으로 여겨진다. 길은 불공 들이듯 기도하는 인디오를 지나면서, 산 흉내를 내기 시작한다. 네 발이 필요하다. 오르락내리락 가볍던 리듬도 사라지고, 인정사정 없는 수직상승 등산이다. 키다리 나무는 앞길을 막고, 좁은 길은 자빠뜨리려는 돌 지뢰밭의 연속이다. 노란 튜닉을 입은 딸은 뒤돌아서 생긋 웃는다. 그녀의 이름, 마리아라 했던가. 대략 망했다. 우린 숨 좀 쉬려고 콜록대고 있다.

40여 분을 걸었을까. 완만한 경사가 끝이기를 소망할 때. 콧방울에 맺힌 땀방울이 바람에 쓸려가던 그 자리, 전망대다. 산세에 폭 안긴 마을의 전망이 한 몸에 달려온다. 이를 불철주야 바라보는 건 마야 전통 신앙에 의한, 일종의 제단을 모시는 곳이다. 만감이 교차한다. 스페인의 식민지가 된 이후 이들의 종교도 가톨릭교와의 충돌을 피할 수는 없었나 보다. 3개의 초록빛 십자가는 생화와 솔잎으로 곱게

산로렌조시나칸탄
✈ San Lorenzo Zinacantán

단장하고 있다. 그 주변은 이들의 신앙심이 붙인 무수한 촛불의 잔재로 검게 그을려 있다.

    묘한 기운에 압도된 것도 잠시, 사라진 배다른 식구를 추적한다. 땅에 패대기친 익숙한 보따리를 지나 패어놓은 장작이 보이고, 그 허들을 넘으니 빼곡한 숲 속에 숨은 꽃을 본다. 꽃은 마체테를 휘두르는 어미의 등짝이다. 다른 어미는 나무 위에 초인처럼 매달려 있다. "탁, 탁, 탁." 오늘의 땔감을 위한 패기가 메아리친다. 여행자 모두 육체노동엔 젬병이다. 그저 딴청을 피우는 아이들과의 술래잡기로 노동력을 과시한다. 폴짝폴짝 뛰고 숲에 숨고 땅에 구르고! 이 웃음, 내가 사도 될까? 초야의 아이들과 하늘, 땅만 존재했다.

    그들의 일이 끝났다. 하산할 시간이다. 몸은 단단히 무거웠다. 두 어미는 20kg 족히 되는 장작을 짊어질 모양이다. 땔감을 가지런히 여민 후 연결된 헤어 밴드에 의지해 번쩍 일어선다. 몸의 균형이 흐트러지면 한 걸음도 뗄 수 없는 구조지만,

SOURIT!

BONNE JOURNEE
IL DIT
NOUS PARTAGEONS
UN BON MOMENT

번개처럼 내려간다. 나무 베는 게 무섭다며 엉엉 울던 마리아의 등도 예외는 아니다. 키만한 장작을 진 채 가짜 어른인 우리가 잘 따라오는지 연신 뒤돌아본다. 장작 따위 삶의 무게보다 가볍다는 뜻일까. 우리의 무적 트레킹 슈즈는 연신 미끄러졌다.

어느새 손과 손이 꼭 쥐여 있다. 마야인과 이곳으로부터 지구 반 바퀴를 돌아온 문명인의 극적인 교감이다. 연신 뒤뚱대던 탕탕은 슬그머니 세 살배기 플로렌시아의 손을 잡는다. 누가 누구를 보살핀 것인지 분명하지는 않았지만…, 그 손으로부터 전해지는 뜨거운 양감이 귀까지 아프게 한 것은 분명했다.

산행의 허기는 이름없는 식당으로 인도한다. 그을린 벽과 피어나는 장작불, 두서 없는 의자 몇 개와 이리저리 뒹구는 주방 도구가 식당의 전 재산이다. 1년에 한 번씩 제단을 집에 들여놓는 시나카탄의 전통 풍습이 그 곁에서 치러지고 있다.

산로렌조시나칸탄
San Lorenzo Zinacantán

모든 게 판타지 같다. 연기가 자욱하던 부엌도, 옹기종기 모인 여인네의 무릎팍도, 마야식 하프에서 울리던 선율도, 딸들의 호수 같던 눈동자도. 취기가 아니었다.

오후 4시 전, 이곳을 떠나야 한다

산후안차물라(San Juan Chamula) - Ⅰ

동행인 모두 시나칸탄의 감상에 매몰될 무렵, 알뚜로만 번외다. 급기야 진땀을 흘리며 서두르라고 불호령을 내린다. 겁낼 법도 하다. 다음 행선지인 차물라는 오후 4시 이후 마을 내 외부인이 출입할 시 목을 자른다는 무시무시한 전설이 내려오는 곳이란다. 차물라는 독립된 나라인 양 지독히 강한 커뮤니티를 지닌 마을이다. 외부 군대도, 경찰마저 거부했다. 그들의 법과 관습은 또렷이 한 방향이다. 남자들은 계절이나 축제 여부에 따라 하얗거나 까만 튜닉을 뒤집어 쓰고, 여자들은 보통 까만 치마를 두른다. 츅(chuc)이라 불리는 전통 복장은 시나칸탄의 꽃 패턴 대신 양모로 대치된다.

"에이, 설마 21세기에 그럴 리 있겠어?"

산후안차물라
San Juan Chamula

누군가 용기 있게 말했으나 그 누구도 시원하게 웃지 않는다. 심장은 쪼그라져 있다.

차물라의 체감 온도는 시나칸탄과 달리 영하다. 마을 주민의 눈매는 매섭고, 뒷덜미를 따라 시선이 쫓아온다. 대형 관광 버스의 인기 코스지만, 그마저도 오전 11시면 다 떠났다. 지금은 오후 3시 반. 철창 없는 감옥에 뚝 떨어진 기분이다.

산 후안 교회 방향으로 속보를 했다. 타지인에게는 입장료가 필요하다. 마음은 급한데, 입장 안내문에는 난독증에 걸릴 법한 경고 문구가 한 세트다. 폰트는 '실내 사진 촬영 금지'에서 커진다. 마을 내 공식적인 의식 촬영 역시 금지. 이를 존중하지 않을 시 벌을 내린다고 했다. 이미 시나칸탄에서 만난 한 이탈리아 여행자가 몰래 촬영하려다가 마을 주민에게 가격당했다는 거친 경험담을 들은 바 있었다.

교회는 마치 인형 같은 외관이다. 삐그덕 문을 연 순간, 심장이 멎었다. 거짓말 보태서 약 3초. 순식간에 시야가 흐려진다. 어떤 수렁에 빠지는 기분이었다. 일시에 암흑이 된 내부는 인디오가 읊는 주문으로 일렁인다. 성인의 상은 빛깔 좋은 옷감으로 치장했으나 촛불에 그을려 있다. 벤치가 있을 법한 자리에는 맨바닥에 댄 그들의 무릎이 있다. 마른 솔잎으로 뒤덮인 바닥, 그들의 무릎 앞을 점거한 수십여 개의 촛불, 콜라와 주스 병, 그리고 포쉬(posh)라는 38도의 독주, 신에게 목을 부러뜨려 바치는 생닭…. 보이는 게 현실일까. 우는 듯한 기도는 너무 생경해 두려울 정도다. 기록해야 한다는 마음에 수첩을 꺼냈다. 우릴 내내 감시하던 관리자는 팔로 완강한 금지(×) 표시를 했다.

산후안차물라
+ San Juan Chamula

오후 4시 20분경, 차는 다시 산크리스토발 시내로 방향을 틀었다. 머릿속에선 인디오의 얼굴이 귀신처럼 떠다니고 있다. 왜 그렇게 폐쇄적이어야만 할까? 뭐하면서 시간을 보낼까? 밥은 제때 챙겨 먹나? 어떤 꿈을 꿀까? 이런 원론적이고도 촌스러운 질문은 귀신 곁을 지키고 있다. 한편으로는 부글부글 끓는다. 세계 각지에서 여행자를 불러들이는 것은 이들 덕분이건만, 정작 당사자는 먹고 배울 돈 없이 텁텁한 삶을 이어간다니! 그 불편 속으로 기어이 들어가고 싶다. 머릿속에만 감돌던 생각을 탕탕에게 고백했다.

"저기 있잖아. 나 인디오를 만나고 싶은데 말이지."
"왜 안 되는데?"

탕탕의 와이낫(why not) 정신이 노출된 후로, 우리는 '인디오와의 인터뷰'를 꿈꿨다. 잴 것 없이 직진이다. 누군가를 무작정 만나서 알고 싶은 마음, 그 오래고도 낯선 감정을 서랍 속에서 꺼낸다. 그날 밤, 잘리지 않은 목을 쓰다듬으며 접선을 위한 공작을 시작한다. 흐흐흐

인디오와의 접선 공작

산후안차물라(San Juan Chamula) - Ⅱ

싸움의 기술을 떠올린다. 한 명만 확실히 잡자. 우리의 잽을 날린 상대는 숙소 주인 알뚜로다. 그날 밤, 그에게 '사적으로' 만나고 싶다고 고백했다. 이 중년 남성의 얼굴이 홍당무가 된다. 아니 아니, 너 말고 인디오! 의외로 쉽게 풀릴 듯했다. 알뚜로와 농구 게임을 하는 인디오 친구가 있다. 이름은 마무트다. 서둘러 전화를 넣어보라고 압박했다. 어라? 전화선 너머 다른 세상의 그도 딱 우리 맘 같다. 지금 당장 얼굴을 보잔다. 마무트는 덩치에 맞게 큰 미국 픽업트럭을 끌고 우리 앞에 섰다. 차물라의 남자가 입는 축 대신 황야의 무법자 같은 까만 가죽점퍼 차림이다. 그는 차물라 내 교육 관련 커뮤니티의 관리자로, 산크리스토발 교육행정부에서 학교 설치 운영을 위한 미팅을 해야 한단다. 우리가 왠지 잘못된 시간과 자리에 있다고 느꼈을 때, 교육행정부실의 문이 쾅 닫혔다.

산후안차물라
◆ San Juan Chamula

"여긴 한국의 기자이고, 이 사람은 프랑스 사진작가입니다."

아뿔싸! '우리는 일개 무지렁이인데요.'라는 뜻의 스페인어를 알지 못했다. 일이 점점 커지는 느낌이다. 우리는 졸지에 특파원 흉내를 냈다. 치아파스주의 심각한 교육 문제에 대해 노트에 부리나케 써 내려간다. 이후 마무트와 동석한 선생님은 학교를 한번 방문하는 게 어떠냐고 제안했다. 실상을 보여주고 싶다는 의지다. 오호라, 가볍게 받아들인다. 탕탕과 나는 초대받은 만큼 소소한 선물을 마련하겠노라 했다. 정원은 약 100명, 하루 전날 학용품을 준비하기로 한다. 약속 날짜는 불투명한 다음 주로 잡혔다. 그 사이, 미뤘던 숙제를 끝내기로 했다. 애초 자유 여행하려던 빨렌케 지역을, 우리가 결사 반대하는 패키지 투어로 훑기로 했다. 모든 선택에는 희생이 따르는 법. 세상의 만유인력은 인디오와의 만남에 쏠려 있었다.

사실 마야의 후예 대부분이 저소득층이다. 이들은 어린 나이에 결혼해 평균 5~7명 정도의 아이를 낳아 경작이나 수공예품 판매를 주 수입원으로 한다. 5세 무렵부터 가족의 생계를 책임지는 운명을 배운다. 좁은 어깨에 땔감인 나무라도 짊어져야 한다는 이야기다. 아이들이 배움의 욕구를 채우기에는, 대부분 산에 기거하는 집과 제대로 된 시내 학교 사이도

끝내주게 멀다. 편도 2시간의 도보는 각오해야 한다. 겨우 마련된 산악 학교에서는 비슷한 나이가 대충 섞여 배우는 구조다. 그마저 학생의 90%가 아침을 해결하지 못한 채 등교한다고 했다. 이쯤되면 알게 된다. 산크리스토발 시내의 야외 카페에 앉아 있으면, 우리의 테이블 위에 왜 고사리손의 행상인이 펼쳐 놓은 수공예품으로 가득 차는지를. 정부에서는 지원하는 돈을 술로 탕진하는 가장에게 두손, 두발을 들었다고 했다. 사람 사는 게 다 똑같다고 하지만, 어쩌면 사람 사는 게 전혀 다를 수도 있다는 생각이 들었다. 같은 하늘 아래 다른 인생이라니, 그것이 우리의 몸을 뜨겁게 했다.

빨렌케 투어에서 돌아오니, 숙제를 남겨둔 채 방학이 끝나버린 기분이다. 3일간의 압축형 투어는 비극이었다. '가는 곳은 많지만, 남는 것은 없더라.'라는 투어의 불가피한 단점을 다시 한번 각인시킨 계기다. 애초의 약속과 틀린 게 많았다. 우리를 감옥 같은 호텔에 떨궈주고, 포함이라 설명들은 금액은 불포함이었으

산후안차물라
✈ San Juan Chamula

며, 급기야 원시적인 인디오 마을이라 자부하던 카욘은 인디오표 디즈니랜드다. 카욘의 가이드로 활약한 사내는 단순히 씻지 않는 것으로 인디오라 증명하고 싶은 듯했다. 휴대폰을 매만지고 크록스 신발을 신은 인디오라…. 여기 투자한 투어 비용이면, 인디오 학생의 학용품을 배로 살 수 있었겠다는 후회가 밀려왔다.

100명을 떠올리며 들어간 문구점에서 부자가 되었다. "뭐든 쓸어 담아!" 무제한 선물 쿠폰이 우리에게 있다. 공책을 사니 연필이 필요하고, 스케치북을 사니 색연필이 필요했다. 두 손 무겁게 문구점을 털고 나섰을 때, 태양은 세상을 붉게 물들이고 있었다. 내일이다. 그들을 만날 것이다. 두 손이 가벼워져 태양을 바라보았을 때, 아마도 조금은 다른 모양일 거라 상상했다.

내 생애 가장 많이 울던 날

산후안차물라(San Juan Chamula) - Ⅲ

100명의 선물을 실은 픽업트럭은 달리고 있다. 통역사가 되어야 할 알뚜로가 동행하지 못했다. 우리는 세상의 모든 언어를 끄집어내어 마무트와 소통하는 중이다. 차물라 시내에서 빠져나간 차는 등 굽은 산속으로 뛰어들어간다. 비포장 도로에 심한 변주곡의 고갯길이다. 사람이 살 리 없을 그냥 산이다. 한 치 앞이 낭떠러지인 그곳에서 제법 파스텔 컬러 페인트로 칠해진 학교 건물이 보인다. 차는 지친 기색으로 시동이 꺼진다. '수군수군' '웅성웅성' 학교 특유의 의태어가 메아리친다. 우리는 전혀 다른 형태로 아주 먼 시간을 돌아 학교에 돌아간 것이다. 이때까지만 해도 우리가 어떤 상황에 놓일지, 전혀 상상하지 못했다.

우리 주위로 보이지 않는 금이 느껴졌다. 마무트의 형인 교장과 커뮤니티의 교

산후안차물라
✈ *San Juan Chamula*

육을 담당하는 관리자 몇 명과 의식적인 인사를 한 뒤 다른 학급의 교실을 기웃거린다. 모국어인 초칠어를 쓰는 이들이 배우는 것은 스페인어다. 이들의 학구열은 부족한 교실 수를 초래하고 있다. 학생들은 다닥다닥 붙어 있고, 교재가 커 보이는 손바닥만한 책상이 있다. 응당 색종이가 있어야 할 자리는 박스나 신문의 차지다. 왠지 먹먹해 운동장으로 시선을 뺐는데, 눈이 매워진다. 교실을 빠져 나온 학생들이 운동장으로 삼삼오오 모여들고 있다. 마무트, 대체 무슨 일을 저지르는 거야? 전교생들이 모든 학습을 중단하고, 운동장에 소집됐다. 별거 아닌 우리 따위를 위한 일종의 환영식이다.

    전교생은 대충 봐도 100명이 넘는다. 150명 남짓했을까. 세 살배기 아이부터 중학생 뻘 되는 청소년까지 운동장을 채웠다. 선생님과 관리자들은 100명분 세트로 산 학용품을 갈기갈기 찢어(인당 풍성한 선물 세트를 받으며 환호할 학생의 모습을 상상했지만) 눈앞에서 나눠주기 시작한다. 학급이 높은 학생에게 노트와 풀, 볼펜의 우선권이 가고, 5세 이하의 어린이에겐 두 자루의 연필만이 쥐어진다. 왜 진작 200명이라고 뻥치지 않았냐고! 왜 우릴 치졸하게 만드는 거냐고! 어제 지우개를 살까 말까 고민한 내가 고개를 못 드는 풍경이다. 단체 기념사진을 찍기까지, 한국-프랑스 친선 방문이라는 플래카드만 빠졌을 뿐 이들의 환영은 정상회담 급이다. 마음 어디에 담아둬야 할지 난처했다.

    우리는 학교 옆 교회로 옮겨진다. 그들은 술을 권한다. 포쉬(pox, posh)다. 사탕수수로 만든 일종의 전통주다. 투명해 소주와 같은 맛일 듯하지만, 막걸리 같은 묵직한 양감을 지녔다. 자기 사람으로 받아들이는, 일종의 승인과 환영의 독주다. 교회 안에서 마시라고? 성부와 성자와 성령의 이름으로 3잔을 원샷 해야 했다. 까짓 것, 원샷! 멕시코의 데킬라에 이미 내성이 있던 우리의 속도 타 들어간다. 세상이 신기루 같다. 먼 발치에서 웃거나 훔쳐보는 아이들은 우리의 시선을 눈치채고는 숨거나 도망친다. 괴물을 보듯 한 건 아니다. 그저 순수한 그들 앞

산후안차물라
✈ San Juan Chamula

에서 우리가 괴물이 된 것 같았다.

  내리막길을 달리는 마무트의 차 안에서 우리는 뒤를 보지 않는다. 언어를 잃은 듯 차 안은 조용하다. 차물라 시내에 잠시 정차했을 때, 기다리라는 마무트의 말을 무시하고 택시를 타고 시내로 도망쳤다. 택시에서 내리자마자 꾹 참던 눈물을 터뜨렸다. 신발이 없던 아이의 발이, 한번 잡아주지 못한 검은 손이 자꾸 걸렸다. 학교 방문이 인터뷰를 위한 밑밥이 될 거라는 가벼운 생각을 반성했다. 속죄의 눈물이다. 입가에 닿은 눈물은 짜지 않고 썼다. 탕탕은 토닥토닥 어깨를 두드린다.
  "괜찮아, 괜찮아."

  이후 난 현지인과의 인터뷰에 실패했고, 더는 인터뷰를 시도하지 않았다. 언제나 그들이 부르면 달려나갈 취재 기동대가 되기로 했던 의지도 사라졌다. 배낭에서 입지 않는 옷과 물품을 꺼내 기증한 뒤 다음 여행지인 메리다행 버스 티켓을 끊었다. 이후 난 어떤 요단강을 건넌 것처럼 우리 인생이 빠르게 전환되는 것을 느꼈다. 세상에 제법 쓰임이 있는 사람으로 살고 싶은 꿈이란 녀석이 들어온 거다. 어쩐다, 여행이 점점 더 좋아지는걸.

저 비가 나를 가로막겠어

툴룸(Tulúm)

여행하면서 날씨를 투정한 적은 없다. 투정의 대상감인 비는 오히려 선호했다. 맑은 날씨보다 비 오는 날은 핑계 대기 좋다. 이렇게 비 내리는 날에는 숙소에 콕 박혀 책이나 읽는 거야! 어찌 보면 전 세계 노동법을 파괴하는 주 7일제 여행의 값진 선물이라 여긴 적도 있다. 재수가 더럽게 없어도 비에 책임을 물을 수 있었다.

그러나 그리 좋아하던 비도 너무 오면 이야기가 달라진다. 중남미 여행 시 고도와 지리 여건상 하루 만에 여름이 겨울로, 겨울이 여름으로 바뀌는 계절 변속은 견딜만했다. 비는 달랐다. 멕시코는 가뜩이나 6월부터 8월까지 한 달 20일 이상 장마의 은총을 듬뿍 받는 나라다. 탕탕이 빛의 유무에 따라 달라지는 사진 때깔을 알려준 탓에, 이미 찌푸린 날씨에조차 신을 원망하는 사도 요한이 된 상태였다.

툴룸
+ *Tulúm*

아예 비 때문에 카메라도 들지 못하는 상황이라면? 신을 저주했다.

 멕시코의 동부 꼬리뼈에 있는 플라야델카르멘이다. 히피들의 천국이라는 왕년의 명성은 사라지고, 칸쿤과 더불어 카리브 해 관광의 성지로 부상한 곳이다. 제2의 미국 같다. 뉴욕을 찬양하듯 불야성의 5th Ave가 있고, 대부분의 상점과 레스토랑에서는 달러가 적극 통용된다. 우리의 기대는 이보다 마야인의 자취인 근교 툴룸 유적(이하 툴룸)에 있다. 툴룸은 12m 가파른 절벽에 몸집을 세워 카리브 해의 오션뷰를 독차지한 마야인의 마지막 해상무역 도시. 기념 엽서는 줄곧 캔버스가 된 하늘과 바다의 청초한 자태와, 마야 건축물의 강렬한 존재감이 어우러지는 황홀경을 이룬다. 16세기 스페인 정복이 불러온 전염병으로 매몰차게 버려진 내상을 이토록 감쪽같이 숨길 수 있는 것인가. 완벽해 보이지만 그 내장된 결핍에 끌렸다. 유적지를 갈 때마다 날씨 운 하나는 기막히다. 그 엽서보다 나은 사진이 우리 것이 될 거야, <u>으흐흐</u>. 소유의 광기를 일으켰다.

하늘에 푸른 꽃이 피었다. 푸른 꽃이 툴룸 쪽은 아니었으나 최악의 날씨를 상상할 수준은 아니다. 매표소로부터 굽이치는 동굴 같은 숲길은 광활하게 펼쳐진 어느 낯선 지표면에 서게 한다. 세상이 뻥 뚫린 기분이다. 하늘과 바다를 잇는 건 그 자리에 선 우리란 지구별 여행자 뿐이다. 망부석이 되려던 찰나, 하늘이 심통을 낸다. 빗방울이 콧잔등 위로 툭 떨어졌다.

"2분 후면 폭풍우가 몰아칠 거야!"

쨰지는 듯한 탕탕의 외침이 30초 후 현실이 되었다. 눈을 감고 뛰었다. 회오리치는 비바람이 정신까지 휘감는다. 어디로 가야 할지 허둥대는 엉덩이만이 겨우 시야에 잡히고, 그 무리에 나 역시 끼어있다. 전쟁통의 피신 상황이다. 입장 전 익혀둔 지리는 무색해지고, '들어가지 마시오'의 핀투라 무랄(벽화가 있는 건축물) 안쪽으로 떠밀려 들어간다. 생전 마이클잭슨이 사랑했던 검고 큰 우산을 쓴 직원은 삑삑 호루라기를 불며 퇴장 명령을 내린다. 스페인어 경고는 처음 듣는(!) 듯 멕시칸 커플은 초절임된 겉옷의 빗물을 짜내고 있다. 결국 오후 2시 반 입장, 오후 3시 반 퇴장이다. 플라야델카르멘으로 완벽히 물러난 길, 거짓말처럼 비가 그쳤다. 툴룸이 속한 유카탄 반도는 열대성 태풍으로 관광 산업까지 위협받는 지대란 정보를 그제야 읽었다. 분노보다는 오기가, 오기보다는 열정에 가까운 정복욕에 휩싸였다.

매의 눈으로 기회를 노렸다. 해만 뜨면 '툴룸 가자.'가 자동반사 문장이다. 그로부터 5일 뒤 날씨는 그간의 부채를 청산하듯 맑고 깨끗했다. 콧노래를 부르며 갔다. 그런데 수상하다. 서부극의 모래바람만 날리는 황량함. '입.장.금.지'. 어제 온 비 때문에 물이 허리춤까지 차올랐단다. 버스 기사는 이 사실을 몰랐던 걸까? 문지기 몰래 잠입하는 범죄를 저질러야 하나? 그러나 카메라를 잠수시킬 용기는 우리에게 없었다.

이후 매일 툴룸 소식을 플라야델카르멘 여행사에 문의했다. 이틀 전부터 열렸

툴룸
Tulum

단다. 해가 보일락 말락 한 하늘에 반신반의하며 버스에 오른다. 가는 중 비는 쏟아지고, 우리와 툴룸은 원수지간이라 여길 때쯤 빗줄기가 가늘어졌다. 열긴 열었나 보다. 관광버스가 지척이다. 입구로부터 매표소까지 물이 차올라 경운기형 열차 탑승이 필수다. 매표소의 기나긴 줄에 애를 태우다가 묘수가 떠올랐다. 말하자면 불법이다. 작아진 간을 숨긴 채 출구 쪽으로 발을 들인다. 유니폼 입은 직원, 즉 우리의 허들이 출구를 지키고 있다. 이쯤 되면 밑져야 본전이다. 여전히 비에 너덜거리는 7일 전 입장권을 선보인다. "(오늘) 왔는데, 다시 보고 싶어 돌아가는 거야."라는 B급 연기를 하니, "Ok!" 스페인어의 오케이도 오케이다.

결국, 마야 문명의 시대로 거꾸로 가듯 역행했다. 당 시대의 왕궁과 신전, 집터 등의 화려한 빛깔이 사라진 잿빛 유적지를 유유히 걷는다. 켜켜이 쌓인 시간과 노동의 때는 걸으면서 수집된다. 툴룸은 '자마(Zama)'로도 알려졌다. 태양의 빛을 가장 먼저 받는 '새벽의 도시'란 서정적 표현이다. 엘카스티요가 내려다보는 카리브 해는 역사와 빛깔에 홀린 청춘들로 성황이다. 바람이 흔든 야자수가 파도 소리에 부서지며 가슴을 저민다. 속절없이 좋다.

이를 삼고초려라 불러 볼까. 우리를 21세기 유비라 불러준다면.

p.s 탕탕은 입장권을 검사한 그 직원이 글을 못 읽은 것 같다는 이상한 추리를 했다. 날짜는 숫자인데 말이다.

체투말 - 산페드로
✈ *Chetumal - San Pedro*

나는 불법 체류자다

체투말(Chetumal) - 산페드로(San Pedro) - Ⅰ

드디어 멕시코 여행도 대단원의 막을 내리고 있다. 2번의 도난 사건, 잦은 병마 등 걱정적인 우환의 5개월이 흘렀다. 우리는 벨리즈로 넘어가는 교통수단으로 수상 택시를 택한다. 플라야델카르멘에서 애증의 툴룸으로 가는 8차선 도로에서 한 전광판을 본 이후다.

'멕시코 체투말에서 벨리즈 산페드로까지, 논스톱! 쉽고 무진장 빨라요!'

'쉽고 빠르다.'라는 카피가 '어렵고 느린' 중남미 여행자의 마음을 송두리째 흔들었다. 카리브해를 관통하며 쏜살같이 달리는 국경 택시라니! 간만에 현대 문명의 노예가 된 기분에 황홀하다. 광고에 질질 끌려 우리는 출발 터미널이 있는 체투말로 향했다.

한국인인 나는, 당시 중미 중 유일하게 벨리즈에서 비자가 필요했다(2018년 현재, 무비자 입국이란 좋은 세상이 되었다). 단, 그 광활한 인터넷 세계 어디에서도 육로 외 카리브 해 경로의 비자 받는 법을 찾을 길이 없다. 남은 대처는 한 가지. 여행사와 터미널을 비롯해 사방팔방 현지인을 붙들고 물었다. 확신에 찬 그들의 대답은 '국경에서 가능해.'다. 벨리즈의 첫 행선지인 키코커로 건너가려면, 국경인 산페드로에서 입국 심사를 받아야 한다. 그렇게 카리브해를 건넜다. 그러나 국경은 나를 와락 밀쳐냈다.

"여기서는 비자 못 만들어. 다시 체투말로 돌아가 비자 받고 건너와. 오고 싶으면."
입국 심사하는 '빅 마마'의 베이스톤 목소리. 가슴팍을 후벼 파는 '오고 싶으면'이라니, 그녀의 자국애가 철철 넘쳤다. 원하는 돈이 있으면 내겠다는 부패 책략(지난 여행이 가르쳐준 나쁜 버릇)도 통하지 않는다. 곁에선 입국 승인도 안되었는데, 세관 신고서를 내라고 닦달이다. 내 뒤 한 커플의 골든 리트리버는 100달러를 내지 않으면 입국 금지라고 했다. 나는 개와 같은, 아니 개보다 못한 운명이다.

내가 혼절에 가까운 상태가 된 사이, 입국 심사하던 빅 마마는 나의 여권을 빼앗은 채 사라졌다. "어디에서 비자 받으면 되는데?" "내 여권은 어떻게 찾는데?"란 질문은 오로지 내가 이용한 제트 익스프레스 수상 택시 에이전시에 가 있다.

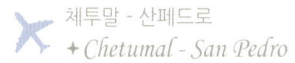
체투말 - 산페드로
Chetumal - San Pedro

그들은 종이 쪼가리에 산타엘레나 국경에 가야 한다고 적었다. 2시간 만에 받을 수 있고, 60달러란다. 하루 만에 다시 입국(사실 난 무입국 상황)할 수 있을 거라며, 리턴 티켓을 끊으라 했다. 무슨 생명수 마냥 그 종이 쪼가리를 꼬옥 쥔 채 부들부들 떨었다. 빅 마마는 필시 자신의 몸매 유지를 위해 저녁 식사를 하러 간 게 분명하다. 불법 체류자 따위는 그녀의 식사 앞에 아무것도 아니었겠지.

불법 체류자의 멕시코 귀환 프로젝트는 다음 날 오전 일찍 시작됐다. 체투말행 보트 시각의 1시간 반 전, 조급함이 날 터미널에 데려다 놓는다. 여권을 앗아간 빅 마마는 보트 시각 30분 전이 되어서야 모습을 드러냈다. 어제보다 더 육중한 몸매, 더 짙은 화장, 더 검은 복장이다. 웃으며 여권을 내어주며, 다른 여행자와 같은 절차를 따르게 한다. 불법 체류자에게 사뭇 관용적인 태도가 아닌가(수갑이라도 채울 줄 알았다)? 문제는 '같은'에는 같은 출국세도 포함되어 있다는 점이다. 내 여권에는 멕시코 출국 후 그 어떤 입국 스탬프도 찍히지 않았으나 빅마마는 19달러 출국세를 요구한다. 게다가 자연 보호 세금인 3달러까지 물었다. 내가 어제 자연을 훼손한 일이라면 화장실을 간 것뿐이었는데…, 칼 없는 날강도다. 세상에서 듣도 보도 못한 무입국의 출국세가 여기 있다. 그러고 보니, 수상 택시의 '쉽고 빠르다.'란 카피에는 '싸다.'라는 문구는 없었다.

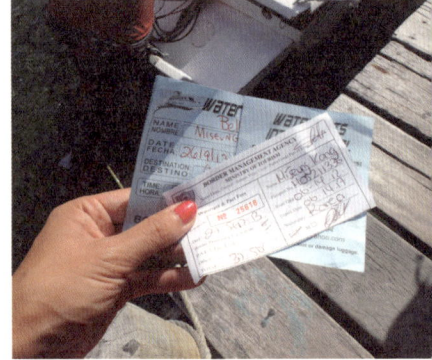

실랑이로 보트를 놓치고 싶지는 않다. 보트 시각이 임박해 빅마마가 나타난 것도 수작일지 모르겠다. 수상 택시는 시동을 걸었다 말았다 하며 이 염세주의자의 애간장을 태운다. 카리브 해 위에서 잡생각의 파고는 거세졌다. 아

뿔싸, 멕시코는 벨리즈보다 1시간이 느리다. 고로 오늘 체투말에서 산페드로로 돌아가는 오후 3시 배편을 타려면 내게 주어진 시간은 단 3시간. 영화 〈미션 임파서블〉의 톰 크루즈가 바로 나다. 창 밖 풍경은 징글징글하게 아름답다. 애먼 카리브 해가 너무나도 밉다. 무엇보다 산페드로에서 일광욕하고 있을 프랑스인 탕탕이 몹시 부러웠다.

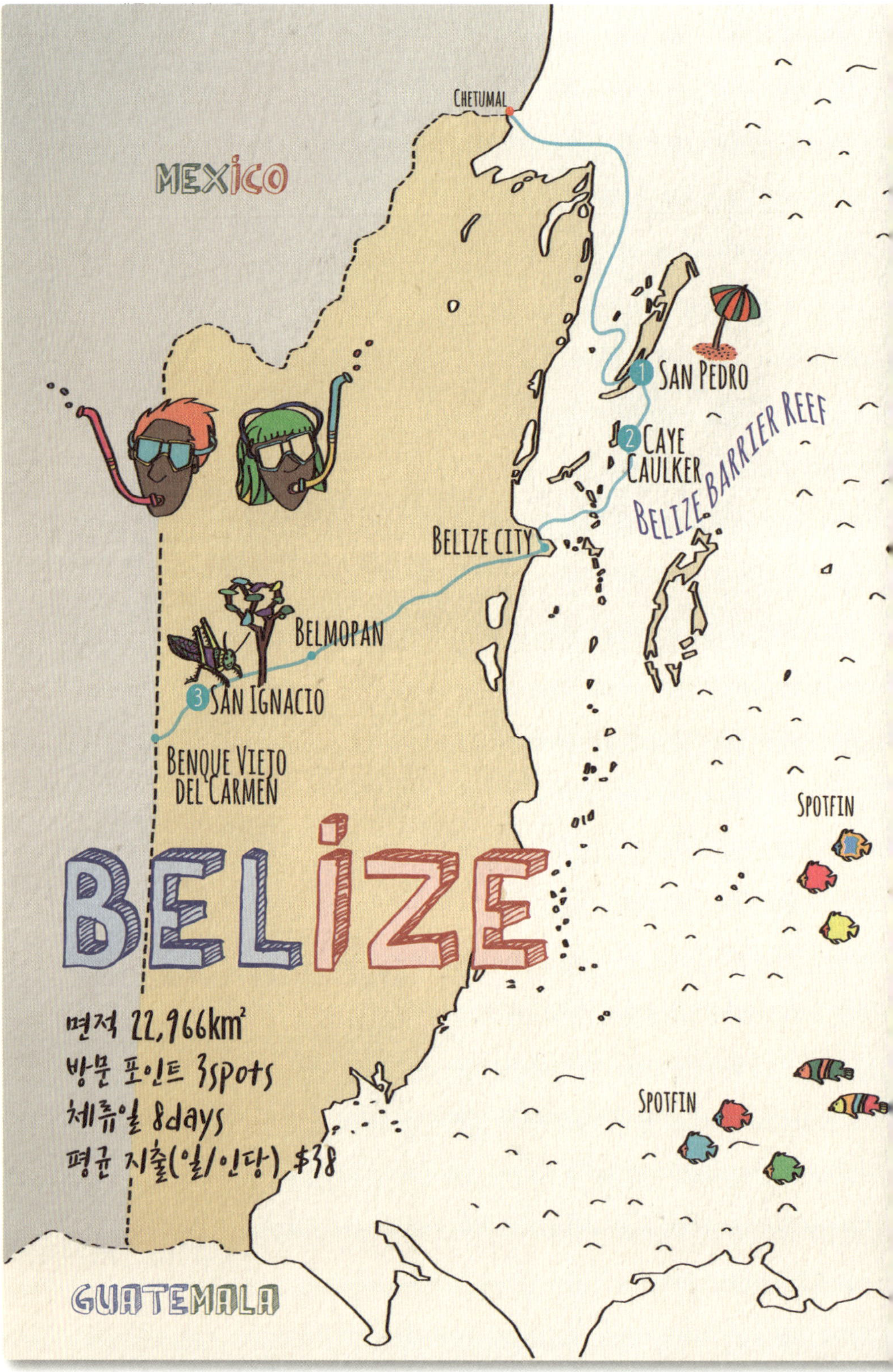

MEXICO

Chetumal

① San Pedro
② Caye Caulker

BELIZE BARRIER REEF

Belize City

Belmopan

③ San Ignacio

Benque Viejo del Carmen

BELIZE

면적 22,966km²
방문 포인트 3spots
체류일 8days
평균 지출(일/인당) $38

Spotfin

Spotfin

GUATEMALA

Manatees

wksbill
urtle

Southern Stingray

Palometa Juvenile

Caribbean Sea

Nurse Shark

벨리즈
BELIZE
4

체투말 _ 산페드로 _ 키코커

체투말 - 산페드로
✈ Chetumal - San Pedro

루피타의 불법 체류자 구원기

체투말(Chetumal) - 산페드로(San Pedro) - Ⅱ

보트 안에서 신발 끈을 질끈 묶고, 전투태세를 갖춘다. 수상 택시 문만 열리면 발사될 로켓이 바로 나다. 보안용 개의 배낭 검사가 끝나자마자 탕! 여권 심사대로 전력 질주했다. 사이비 기도는 또다시 시작된다(이런 일이 많아 큰일이다). '고작 3시간 체류할 건데, 멕시코의 출입국세만큼은 내지 않게 해주세요.' 50달러 남짓 하는 그 돈을 뱉어내기에는 지갑도 얇고, 억울하다. 1등으로 선 입국 심사대에서 속사포 창법으로 자초지종을 퍼부었다. 역시 언어가 늘리면 절박함은 필수다.

"워워. 이봐, 진정해. 내 말 좀 들어봐. 오늘 다시 벨리즈로 떠나면 출입국세를 낼 필요 없어."

한 고비 넘겼다. 비자 발급 장소가 산타엘레나가 아닌 것 같다는 국경 관계자의 말은 한쪽 귀로 흘린다. 애초 산페드로에서 비자 발급이 가능하다고 했던, 그 '모두' 중 하나가 당신이었다. 이 엉망진창인 시나리오에, 그대도 유죄다. 급히 터미널을 빠져나가려는 그때, 후광이 번쩍거린다. 기도가 효과가 있었나…. 구세주 루피타다.

"어이, 코리안 걸. 대체 여기서 뭐하고 있어?"

루피타는 어제 멕시코를 떠나기 전 연을 맺은 체투말 아피쿠루 국제 터미널 소속 공무원이다. 여행을 혐오하는 그녀에게 여행 전도사로 인상을 남긴 우리였다. 그녀는 속성으로 사정을 듣더니, 명확한 비자 발급처를 알아낸다. 산타엘레나 국경이 아닌 벨리즈 영사관이란다. 그녀가 주선한 택시가 달린다. 택시는 불안한 외딴 거리로 진입하더니, 어느 폐창고 앞에 선다. 진정 이것이 그 '비싼' 비자를 발급하는 곳이란 말인가.

무너질까 종종걸음을 하며 들어선 단출한 사무실이다. 비자 발급 비용은 900MXN란다. 미리 챙겨간 달러로 내면 안 되는지 물으니, 멕시칸 페소로 내라고 한다. 담당자가 이례적으로 영어를 못해(벨리즈는 미국 달러를 사용하는 동시에, 영어와 스페인어 공용 국가다) 의혹은 더 짙어갔다. 결국 택시를 타고 근처 ATM기에서 친히 돈을 찾아 발급비를 냈다. 도착 시각은 오전 11시 반, 밀린 비자 업무가 많아 오후 2시에나 발급된다고 한다. 나쁘지 않은 시각이다. 다시 이곳을 찾는 택시비를 더 내야 했지만, 오늘의 돈은 내게 휴지 조각에 불과했다. 오히려 이런 빠른 발급 서비스에 삼배라도 해야 할 판이다.

불안한 기다림은 터미널로 돌아와 루피타와의 수다로 승화했다. 그런데 오후 1시가 가까워질 즈음, 정치까지 소재가 번져나간 우리의 수다를 그녀가 싹둑 끊는다. 차 키를 짤랑거리며 갈 시각이란다. 오후 2시면 영사관의 점심 시간이니, 그때 가면 문을 닫을 거라는 확신이다. 믿거나 말거나 그녀의 차를 대동해 가는 길, 담당자가 날 보자마자 처음으로 유창한 영어를 구사했다.

"It's done!"

체투말 - 산페드로
Chetumal - San Pedro

　세상을 다 얻은 기분이다. 그러나 비자 발급 내역을 확인하니, 기분이 호떡처럼 뒤집힌다. 영수증에 60$란 불편한 숫자가 적혀 있기 때문이다. 그녀가 우겨서 내가 건넨 900MXN는 환전하면 대략 75$다. 멕시칸 페소로 내라고 했던 이유가 이거였어? 벨리즈 영사관은 이 눈먼 여행자로부터 15$의 짭짤한 수입을 챙긴 셈이다.

　산페드로로 다시 돌아갔다. 빅 마마가 "다시 왔네?"라며 누런 이를 스스럼없이 드러낸다. '벨리즈에 그렇게 오고 싶었어?'란 애국자의 우회적인 표현 같기도 했다.

　'너 보러 온 건 아니고, 벨리즈가 얼마나 가치 있길래 이렇게 비싼 비자를 받는지 확인하러 왔다.'

　고백한다. 복수의 칼날은 이미 갈리고 있었다.

Belize

키코커
✈ Caye Caulker

카리브해의 게으른 여행자처럼

키코커(Caye Caulker)

오전 8시. 늘어진 바닷가의 기상 시각으론 새벽에 깬다. 키코커다. 호스텔의 총천연색 나무 기둥에 부서지는 햇살이 눈을 자극한다. 철썩철썩 모래를 밀어내는 파도가 세상의 모든 소리다. 아침을 잔뜩 먹고 배를 두드리며 고양이처럼 늘어진다. 오전 시각인데도 낮잠에 빠지고, 해먹에 누운 죄로 몸에 벌집 문신도 생겼다. 햇살의 조명을 받아 반짝반짝 빛나는 파도 결에 반해 선착장 옆에 드러눕기도 한다.

아, 이런 원시적인 삶이란! 제 시각에 끼니를 챙겨 먹는 것도(먹으면 버스 놓친다), 침대에서 뒹구는 여유도(이러려고 여기까지 왔니) 마순테 이후 간만이다.

키코커의 슬로건은 Go Slow…. 그저께 불법 체류자의 고삐는 이틀 후 합법 체류자의 자유로 풀린다. 결심, 계획 같은 건 저 바다에 던져 버려! 뭔가를 하려는 의도 자체가 바보 같은 짓이야! 그런 점에서 탕탕의 제의는 대단히 용기 있는 일처럼 느껴졌다.

"뿌리다, 산책이나 할까?"

벨리즈는 방년 36세밖에 되지 않은 젊은 나라다. 지난 1981년 영국령 온두라스에서 독립해 '카리브해의 보석'으로 불리기까지는, 이 키코커라는 섬이 단단히 한몫했다. 키코커는 '부재'의 섬이다. 일단 범죄의 부재. 우리가 벨리즈 땅을 처음 밟았을 때 덜덜 떨게 한 광고판이 '범죄 신고'다. 보상이 있을 거라는 달러 표시와 함께 제보 번호가 대문짝만하게 쓰여 있다. 해외 안전 자문 위원회(OSAC)에 따르면, 벨리즈의 살인율은 세계 10위 안이다. 그 불명예의 평균율을 바짝 올리는 벨리즈 시티로부터 수상 택시로 1시간여 거리에 있는 이곳에는 강도도, 총도 없다. 복 받았다.

키코커
✈ Caye Caulker

다음은 소음의 부재. 이곳의 교통 수단으로는 도보가 기득권을 갖고 있다. 그 곁을 오직 골프 카트와 자전거만이 바짝 추격한다. 폭이 8.2km, 너비가 2km에 불과한 섬이기에, 섬의 가장 긴 끝과 끝을 찍는다고 해도 고작 3시간 내에 섭렵한다는 결론이 나온다. 현지인이 이곳 경제를 쥐고 있어, 대형 체인 호텔이 파고들 법한 모든 편의가 이곳에는 없다. 소음이라고는 오로지 저 카리브해의 멈추지 않는 파도 소리뿐이다.

마지막으로 문제의 부재였다. No shirt, No shoes, NO PROBLEM! 키코커를 정의하는 다른 문장이다. 비키니 차림으로 자전거를 타고 바람처럼 달리는 여인의 등짝을 보는 일이란 흔하다. 어깨만 스쳐도 걸리는 말다툼도 이곳에는 없다.

더구나 내게는 거리를 활보하는 개를 흥분시키는 구석이 있는데(종종 개의 습격을 받는다), 키코커가 고향인 개는 고개를 45도 방향으로 틀어 카리브해만 바라보는 편을 택했다. 점심 시간이 지나면, 바에 손님이 달처럼 차오르고 긍정의 물결이 춤춘다. 누가 본인의 술잔을 몰래 가로채 가도 웃었다.

우리에게 딱 한 가지 '할 일'은 있다. 스노클링이다. 코랄 가든과 스워치 채널을 속성으로 들리는 반나절 코스를 택했다. 두근두근하다. 벨리즈 배리어 리프의 폐부 속에서 몸의, 바다의 생채 리듬을 느끼는 일이다. 우리의 가이드는 아버지와 아들 부자 지간이다. BYC표 삼각 면 팬티를 착용한 채 초콜릿 복근과 곱게 땋은 머리로 정체성에 혼란을 주던 아버지는 산호를 손상하지 않기를 거듭 당부했다.

수심이 깊고 얕기를 거듭하던 카리브해는 민낯을 영절스럽게 드러낸다. 투명 필름이 된 바다 아래로 큼직한 고기의 유영이란! 가슴이 쿵쾅거려 그들을 성나게 하는 게 아닐지 조바심이 났다. 먹잇감으로 그들을 유인한 적은 추호도 없다. 아예 수족관이라 불리는 게 온당하다. 키코커가 소라와 바닷가재의 먹이 창고이자 어류가 회유하는 요지란 증거가 지척이다. 세상을 구하러 들어가듯 겁 없이 풍덩! 깊이, 더 깊이 들어간다. 메기가 몸집이 커진 듯한 순둥이과 너스 샤크(nurse

GO SLOW
HOT DOG CROSSING

No shoes....
No shirt....
NO PROBLEM!
No money BIG! problem
Sobre Las Olas Caye Caulker

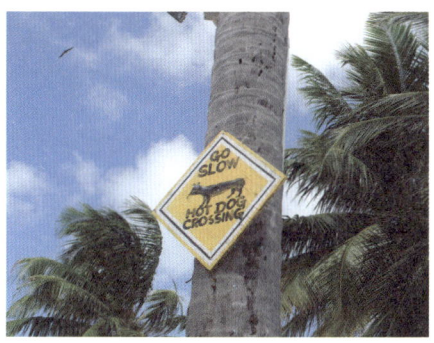

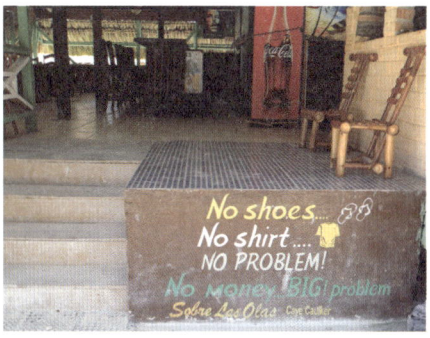

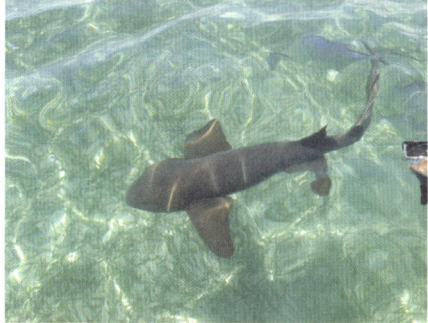

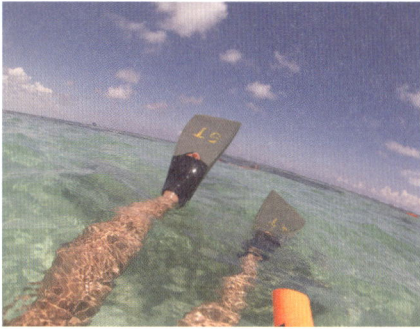

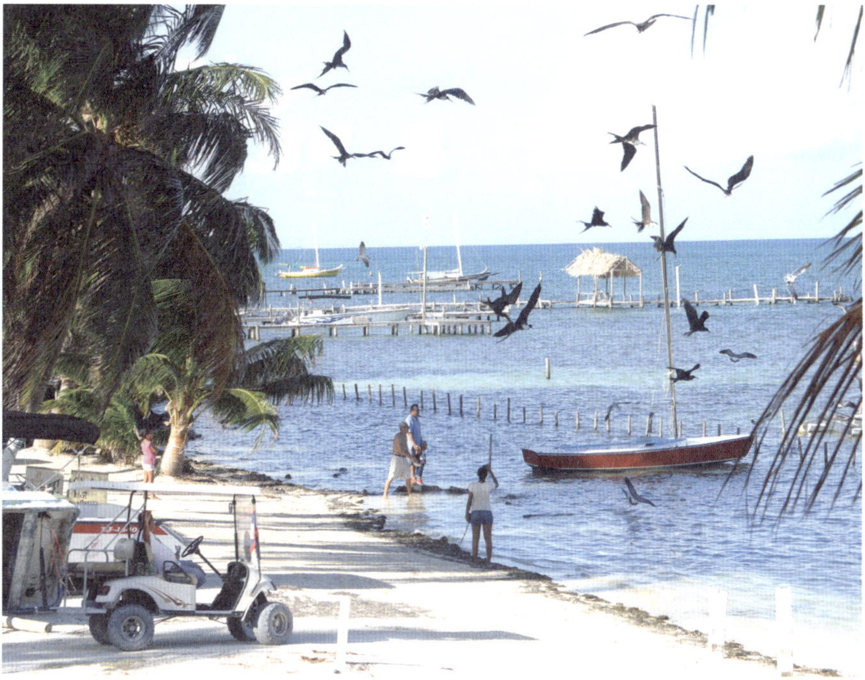

키코커
✈ Caye Caulker

shark)를 따라가기도 하고, 가오리의 푸덕거림에 웃다가 평생 마실 바닷물을 다 마신다. 햇살을 받아 광채가 나는 바닷속은 환희 그 자체다. 심통 많은 얼굴의 라이언 피시는 건드리면 호흡 곤란이 오는 방어기제가 있다. 그 주변을 유영했다. Go Slow….

해가 어둑해지자 자연스레 북쪽으로 향했다. 더스플리트다. 있는 힘껏 강이 된 바다로 내달려 입수한다. 석양 아래 잔잔한 물결에 찰랑찰랑 몸이 흔들거린다. 바에선 너도 나도 친구가 된 여행자의 수다가 계속되고, 바 옆으로 카리브해식 온천 반신욕을 즐기는 한량도 눈에 띈다.

"Cheers!"

탕탕과 나의 칵테일 잔도 시끄러운 건배가 이어졌다. 내일이 있다는 긍정이 흐르면서도 내일이 없는 것처럼. 가끔 우리는 격렬히 게을러질 권리가 있다.

✈ 키코커
+ Caye Caulker

I like the left side

She said

Belize

IL DIT

J'AIME LE COTE DROIT

• Belmopan

BELIZE

CARIBBEAN SEA

GULF OF HONDURAS

LIVINGSTONE 15

O DULCE 14

PUERTO BARIIOS

HONDURAS

면적 108,889km²
방문 포인트 15spots+α
체류일 37days
평균 지출(일/인당) $27

GUATEMALA

티칼 _ 세묵참페이 _ 산페드로라라구나 _ 라고데아티틀란 _ 치치카스테낭고

안티과 _ 토도스산토스쿠추마탄 _ 리빙스톤

 티칼
Tikal

마음의 소리를 듣고 싶다면

티칼(Tikal)

우리의 21세기 발은 기원전과 후의 계단을 오르락내리락한다. 열대 우림과 공생하는 고대 마야의 최강 문명국 속으로 뚜벅뚜벅 걸어간다. 그 저력은 시간을 마모시켜 옴짝달싹 못할 힘으로 다가왔다. 석상 건축물(아크로폴리스) 틈에서 제1신전과 제2신전 사이를 하염없이 바라보았다. 해의 걸음에 따라 신전은 빛이 되었다가 그림자로 되어간다. 압도적인 기운 가운데 들려오는 내면의 소리. '호수에서'란 고요한 원어의 티칼. 직접 봐야만 아는 풍경이 있다면, 이곳의 페이지를 뜯어 당신에게 보낸다. 당신이 꼭 이곳에 있었으면 한다.

세묵참페이
+ Semuc Champey

그의 생일, 세상에서 가장 말도 안 되는 투어

세묵참페이(Semuc Champey)

"으아아아악~ 아악!"

"쏴아아아~ 투투투툭, 쏴쏴아아~ 투투투툭."

세묵참페이의 어느 오두막집에서는 탕탕이 호소하는 고통과 참혹한 장대비가 오케스트라를 꾸리고 있었다. 탕탕의 생일이다. 칠흑 같은 어둠 속, 전기 하나 들어오지 않는 오지에서 무슨 일이 벌어진 걸까. 시간 태엽은 3일 전, 그곳으로 거슬러 올라가야 한다.

티칼 근방인 플로레스에서 세묵참페이로 향한 버스는 말 그대로 산 넘고 물 건너 란퀸에 닿았다. 란퀸으로부터 (나쁜 의미에서) 매우 특별한 차를 갈아탔다. 응당 소가 있어야 할 자리에 사람을 구겨 넣는, 화물 운반용 트럭이다. 우리의 숙소

는 젖과 꿀이 발린 계단식 강이 흐르는 세묵참페이 코앞에 있다. 목적지가 바로 목전에 있었지만, 길은 몸치도 톱 댄서로 데뷔시킬만한 굽이굽이 비포장 도로다.

심심하면 시동이 꺼지고 젓가락 행진곡에 따라 유체이탈했을 때, 차는 죽음의 드라이브를 끝낸다. 트럭의 앞 창문에는 '신은 곧 사랑이라(Dios es amor).'라고 대문짝만하게 쓰여 있다.

우리 집은 당분간 이곳 카아본 강 위에 유일하게 자리 잡은 오두막집 숙소다. 자연 속에 숨어 문명이 결손된 이곳은 상점이자 여행사요, 식당이자 클럽으로 전세계 고객 만족을 위해 시시각각 변하고 있다. 이곳으로부터 다음 날 오전 일찍, 그룹 투어는 시작됐다. 우거진 정글 숲을 지나 모기와의 싸움에 대략 패한 뒤 무릎이 경련을 일으킬 때쯤 정상에 도착한다. 이미 빨라진 심장 박동수는 그곳에서 대폭발해 버린다. 장관이다. 평판암이 편편이 계단식으로 저민 자리, 강은 필시 에메랄드를 녹인 보석 수영장을 만들고 있다. 사진 속에서는 정적이고 평면적이던 그

세묵참페이
✈ Semuc Champey

곳은 동적이요, 입체적이다. 암벽 계단 사이로 질곡하는 강물은 가는 폭포가 되어 새하얀 거품을 일으키고, 폭포의 양 옆으로 건장한 나무 기둥을 뚫고 온 바람이 가슴을 부풀게 한다. 당장 저곳으로 다이빙하고 싶어! 애꿎은 충동에서 벗어나게 한 건, 손가락 위에 가뿐히 올라탄 한 떨기 나비다. 생명의 약동, 여린 날갯짓이 그곳을 한참 서성거리게 했다.

불행의 그림자는 점심 식사 후 드리워진다. 칸-바 동굴 탐방을 할 참이다. 어제 들었던 이 투어의 요점은 '한 손으로 양초를 들고, 한 손으로 헤엄치고'다. 남이 했기에 흥미진진해 보였던 사진 속으로 우리가 들어갔을 때, 참 죽을 맛이다. 물이 들어찬 깊이가 동굴 천장과 수면 사이의 키보다 월등히 높은 까닭이다. 수전증이 일으킨 뜨거운 양초 녹물을 피하랴, 한 손으로 개헤엄을 치랴, 앞선 여행자의 목소리는 딱 귀신 소리다. 그러나 이건 준비 운동일 뿐이다.

시선은 빠르게 위험을 감지한다. 동굴의 막바지, 길은 단 하나다. 2시 방향 천장에 야박하게 뚫린 구멍이다. 그곳으로 향하는 50m 남짓한 암벽에는 하나의 동아줄이 내려와 있다. 썩은 걸까. 그 여부도 확인할 길 없이 (공포감만큼은) 이구아수

뺨치는 폭포가 콸콸 덤비고 있다. 예상에도, 팔자에도 없는 폭포수를 뚫는 암벽 등반이다. 조증이 심한 가이드는 오르라 명했다. 이곳까지 와서 극기 훈련을 할 의무는 없었지만, 군중 심리로 모두 오르니 올랐다. 동아줄을 잡는다. 얼굴이 폭포에 가격당해 코든 입이든 산소를 찾을 길이 없다. 줄을 잡고 반질 발질한 암벽에 발을 대니 쭉 미끄러진다. 안전망, 안전대, 루프 따윈 없다. 떨어지면 어디 하나 부러지거나 뇌진탕이다. 이곳에서 수시로 죽음을 떠올렸다. 아름다웠지만, 썩 기분 좋은 일은 아니다.

동굴 정상(?)의 안쪽, 궁둥이를 겨우 붙이고 인간 승리라는 이상한 동지애가 쌓인 좁고 낮은 또 하나의 동굴 속이다. 내가 살아있음을 탕탕의 얼굴로 확인했을 때, 그는 딱 울기 1초 전이다. 귀빠진 날에는 더더욱 어울리지 않는 얼굴이다.

"안경을 빠뜨렸어…"

극기는 했으나 그의 눈이 멀어버렸다. 나와 달리 부자였던(과거형이다) 그의 안경은 안경 렌즈계의 프라다, 에실로의 누진다초점 렌즈를 장착하고 있었다. 구할

Semuc Champey

길도 막막하겠지만, 당장 그의 앞길이 막막하다. 게다가 암벽 등반 초반에 미끄러져 다리가 동강나는 고통을 느꼈다고 호소했다. 내내 뼈 타령 중이다.

다음 날 아침, 란퀸의 어느 보건소(병원이 아니다)에서는 엑스레이 촬영 대신 남녀 의사와 이름 모를 환자의 학부형이 그의 다리를 스트레칭하는 믿기지 않는 광경이 펼쳐지고 있다. "뼈는 부러지지 않았군요." 여의사는 탕탕이 꾀병을 부린다는 듯 담담하게 말한다. 처방전을 쥔 탕탕은 어제를 회상했다. 손바닥만한 딸기 팬케이크와 테킬라를 잔뜩 넣은 젖병만 놓인 불량한 생일상, 파티에 합세한 여행자의 스텝이 꼬인 만큼 커져 갔던 고통과 공포. 그의 앉은뱅이 생일은 편린처럼 스쳐 갔다.
"내 생애 최고의 생일이자, 최악의 생일이었어."
"그래, 요양하러 가자."

우리는 뚜벅이 여행을 하는 건지, 투병 중인지, 극기 훈련하러 온 건지 대략 판단이 불가한 여행으로 접어들고 있다. 그건 또 다른 이름의 인생이었다.

여행자이길 포기합니다

산페드로라라구나(San Pedro La Laguna)

탕탕의 다리뼈는 무사하나 근육통은 호전될 기미가 없다. 무통증자가 죽을 상을 하는 걸 보니, 아프긴 아픈가 보다. 쉬어가란 계시였다. 그 쉴 곳이 이왕이면 아티틀란 호수이길 소망했다. 해발 1,560m의 하늘에 가까운 천금. 8만5천년 전 기습적인 화산 폭발이 낳은 녹수. 보송보송 털이 난 순양이 기지개를 켠 모양새의 호수. 이 호수는 130.1㎢ 면적의 중미에서 가장 깊다는 명성 아래 3개의 화산이 호위하고 있다. 다만, 산페드로라라구나(이하 산페드로)와 산마르코스라라구나(이하 산마르코스), 파나하첼, 산티아고아티틀란 등 혀가 꼬이는 이 지역 어디에 프랑스인 투병자를 입원시킬지 결정장애를 일으켰다. 탕탕과 나의 대화는 대략 핑퐁게임이다.

"산마르코스 어때?"

산페드로라라구나
✈ San Pedro La Laguna

"전에 그 미국인 여행자가 말했잖아. 좀도둑이 득실댄다고."
"파나하첼은?"
"너무 관광지 냄새 나지 않아? 우리 스타일 아니야."
"산티아고아티틀란은 어떨까."
"글쎄… 뭐가 있는데?"

뭐가 있는 건 아니다. 병자 주제에 마을 평점을 따진 결과, 산페드로가 낙찰됐다. 산페드로는 호수를 앞에 두고 차곡차곡 언덕을 따라 약 1만 3천 명이 생을 쌓는 마을이다. 단, 최고의 전망이 있는 언덕에는 최악의 고통도 따른다. 전망 하나 믿고 언덕으로 걸어 오르면서, 이 짧은 생과 마감할 뻔했다. 손바닥만한 마을일지언정 툭툭(오토바이 택시) 기사의 벌이가 짭짤한 경사길이다. 품이 좁은 랩 스커트를 입은 아티틀란식 트렌드세터가 툭툭을 즐겨 타는 이유도 충분히 납득했다.

겁 없이 전망만 보고 고른 우리의 숙소는 호텔이라 하지만, 여인숙이라 불러본다. 리모델링을 멈춘 듯 외벽은 부끄럼 없이 드러나고 프라이팬의 손잡이는 가출한 지 오래다. 그럼에도 불구하고 욕실까지 포함한 방 가격이 인당 40~50Q(케찰, 약 5~7천원)! 도미토리를 전전하다가 로또 맞은 기분이다. 게다가 전망은, 그러니까 전망은 슈퍼 갑이다. 댄스 홀로 써도 좋을 법한 테라스에서 24시간 재생되는 호수의 서정시가 오감을 찌릿찌릿 자극했다.

콧노래를 부르며 동네 산책을 나선다. 마을의 지도는 크게, 다른 마을의 연결편이 되는 2개의 선착장과 호수의 반대편인 언덕에 위치한 시장을 테두리로 그린다. 골목길은 미로처럼 연결된다.

산페드로라라구나
✈ San Pedro La Laguna

　이 미로의 안주인은 인디오다. 이곳 인디오는 멕시코의 인디오와는 표정도, 태도도 180도 다르다. 여행자와 섞이기를 주저하지 않고, 외면하는 눈빛 역시 없다. 오히려 먼저 말을 걸거나 살갑게 인사를 건네는 일도 잦다.

　호숫가 인디오의 시간은 거꾸로 흐르는 걸까. 남녀노소를 막론하고 인디오는 소년이자 소녀이다. 1백 세가 넘어 보이는 백발 할머니는 랩 스커트를 두르고 형형색색 패턴 머플러를 어깨에 걸친 채 리본과 함께 곱게 머리를 땋았다. 새파란 동네 청년들은 그 할머니의 손에 존경의 입을 맞춘다(말초신경을 자극하는 명장면이다). 할아버지는 핸드메이드 블루 패턴 셔츠와 자수 팬츠, 그리고 중절모로 영원한 시간을 얻는다. 먼 발치에서 비슷해 보이던 패턴 옷감은 실상 새나 나비, 혹은 식물 등 제각기 개성에 따라 피어 있다.

　시장으로 가니, 외국인이라고 어여 오라고 덤을 준다. 이 마을에 스페인어를 배우려는 외국인 학생과 이유 없는 장기투숙자가 유난히 기승하는 이유는 명확하다. 이곳 호수에 반하고, 인디오의 자비에 넋을 잃고, 턱 낮은 물가에 황홀해하는 것이리라.

　언덕의 호텔로부터 산티아고아티틀란 행 보트가 있는 선착장으로 더딘 걸음을 뗐다. 선착장의 판자 다리를 걸어 호수에 가까이 가니 뭔가에 홀린 기분이다. 강한 흡입력이다. 걷지 않아도 빨려 들어가고, 걸으면 곧 빠질 것 같다. 호수는 뾰족한

초록빛 화산, 생크림처럼 가볍고 달콤한 구름, 컬러풀한 가옥의 지상과 완벽한 데 칼코마니를 이룬다. 실제 풍경이라기보다 리듬감 있는 수채 물감을 풀어낸 한 폭의 거짓말 같은 명화다.

애써 호수를 등지고 뒤돌아선 길, 한 가족이 허리춤 깊이의 호수에서 유해 식물을 끝없이 건져낸다. 그들 뒤로는 건물이 통째로 호수에 삼켜진 채 식당의 간판만이 애처롭게 서 있다. 드문드문 지붕만 남겨진 가옥의 흔적도 있다. 갸우뚱하는 우리에게 한 동네 주민이 점잖게 호수의 주기를 설명한다. 이곳은 날씨의 영향에 따라 약 50년을 주기로 호숫물이 점점 차고, 빠지기를 반복한다는 것이다. 7~10년마다 눈에 띄게 그 간헐적 변화를 읽을 수 있는데, 올해는 호숫물이 불어나는 시기로 건물이 온통 잠겨버렸다고 했다.

"그걸 안다면, 왜 호숫가 가까이에 건물을 짓죠?"

그는 겸연쩍게 말한다.

"어리석은 게 인간이지요. 현재의 생이 급하니까요."

어느 새벽, 창 밖으로 시뻘건 태양이 터져버린 호수에 잠이 깬 적이 있다. 벌써 10일째 인가. 요양을 핑계로, 우린 여행자이기를 포기하고 있다.

라고데아티틀란
✈ *Lago de Atitlán*

> 뒷모습은 거짓말을 하지 못한다.
> - 미셸 투르니에(Michel Tournier) -

모든 이에겐 삶을 이어나가는 버거운 걸음이 있다

소년에게조차 생각의 철학을 주는

어떤 미물조차 걸어야 할 걸음

젖은 빨래만큼 무겁고

라고데아티틀란
✈ Lago de Atitlán

고향 가는 길만큼 멀다

하나 종종 걸음을 하다 보면

휴식의 쾌락이 오고

낭만의 낙도 가지며

아름다움이 다닥다닥

화사함이 데롱데롱

라고데아티틀란
✈ *Lago de Atitlán*

버거움이 즐거움으로 돌변하기도 한다

당신은 어떤 길에 있는가

당신의 뒷모습은 어떤 열망이던가

시장이라 할 수 없는 이유

치치카스테낭고(Chichicastenango)

얼굴과 다리만 데롱데롱 매달린 숄 한 장이 다가 오고 있다. 구름을 찢고 나오는 햇살 아래 뒤엉킨 전선 줄 만큼이나 마셰뇨스(치치카스테낭고 현지인)의 스텝이 꼬인다. 눈을 격자, 빗금, 꽃으로 물들이는 건 옷에 풍덩 빠진 자연이다. 1케찰 아끼겠다고 상인과의 단맛 나는 흥정이 벌어진다. 불이 났나 싶었는데 자욱한 연기 사이로 한쪽 무릎을 꿇은 채 고개 숙인 사내가 있다. 시장이 있다 하여 간 치치카스테낭고는 물품을 사고 파는 시장이 아니다. 그저 에너지 덩어리였다. 이런 에너지.

"아, 정말 살아 있어 참 다행이야."

치치카스테낭고
✈ *Chichicastenango*

치치카스테낭고
✦ *Chichicastenango*

À QUOI PENSES-TU?

Guatemala

I WANNA
SELL MY FLOWERS
AND
COME BACK HOME

SHE SAID

호갱님 취급? 경찰 불러

안티과(Antigua)

　사실 속는 것을 포장할 언어가 세상에 있을 리 없다. 나 대학 나왔어, 배울 만큼 배웠어(대략 정상), 부모님이 금쪽같이 키운 자식이라고(점점), 분명 너보다는 잘난 사람이야(치졸해지기 시작). 그런 내가 타지에서 속아? 무릎을 꿇자. 우리는 속는다. 30대와 50대인 우리도 속았다. 아는 사람에게 당한다는 사기, 여행 중엔 알든 모르든 크든 작든 당했다. 중남미 여행이 길어질수록 사기 대처 전문가가 되어야 하는데 오히려 사기 당하는 시리즈를 찍는다. '더 크고, 더 세게' 트랜스포머의 귀환이다. 정형이 없다. 아는 사기를 넘기면 모르는 사기가 다가온다. 여행을 시작했음을 알리는 전초전이자 여행의 불운한 형제인 사기. 고로 애초에 여행에서 사기를 조심하라는 조언은 그다지 쓸모가 없다. 그런데 '사기 그 후'는 확실히 조심해야 한다.

과테말라 안티과 시장에서다. 안티과는 스페인 식민과 18세기 지진의 상처가 곳곳에 아리도록 널려있는 역사 도시다. 다음에는 뭘 할까? 어디로 갈까? 어릴 적 선물 박스를 막 열어볼 때의 상기된 표정이 함께다. 불가사의한 건 여행자의 향수병을 임시 치료할, 고향 같은 품도 갖고 있다는 점. 마음이 편해지고 동시에 자유로워진다. 고로 호스텔에서는 눈곱 낀 상태로 이런 아침 인사를 주고 받곤 한다. "너 분명히 오늘 떠난다고 하지 않았나?(안 떠날 줄 알았어)" 장기 투숙자의 묘한 공감이다.

그저께 떠나기로 한 우리는 점심을 위해 메르카도 무니시팔(시영 시장)을 다시 찾는다. 한 발을 들이자 인디오 행상인과 어깨를 부딪친다. 전혀 다른 시공간이다. 복잡하고 시끄럽고 동시에 정겨운 우주다. 옷가지와 기념품, 식료품, 그리고 웃는 인디오 상인들이 이곳의 빈틈없는 병풍이자 카펫이다. 우리가 멈춘 곳은 한 인디오 아낙네 앞이다. 노상 뷔페다. 원하는 양과 가짓수만 제시하면, 미안할 정도로 낮은 가격의 한 접시를 내어 받는다. 당과 지방이 부족한 듯해 탕탕에게 2차를 가자고 했다. 주문한 메뉴는 딱 3가지다.

"파파스 프리따스(감자튀김), 세르베사(맥주), 리꾸아도스(열대 과일과 우유를 섞은 셰이크), 포 빠보르(부탁해)."

안티과
+Antigua

메뉴판도 안 보고, 가격도 모른다. 하지만 우리는 과테말라 체류 20일 경력자다. 시장 안인 데다가 감자튀김이 인정머리 없이 적은 양이라 가격도 예상 이하일 거라 안심했다. 총 금액을 물으니, 55Q(케찰, 약 8천원)이란다. 어라? 이곳은 5성급 호텔 식당이었구먼! 우리의 시선은 금이 간 식당 벽과 부서지기 일보 직전의 나무판자 의자에 머무른다. 메뉴 하나씩 가격을 캐물었다.

"감자튀김은 20Q이고 맥주는 30Q, 그리고 어… 셰이크는…."

다시 묻는다. 이쯤 되면 영어 학습 교재의 강사 뺨쳤다. '자, 다시 한 번 반복해보세요.'

"감자튀김은 25Q, 셰이크는 20Q, 맥주는 25Q…?"

세상의 공통 언어인 숫자를 파괴하는 당신이여. 주인은 총 금액에 맞지 않는 황당한 숫자를 목청껏 하늘에 쏘아붙인다. 결국, 영수증을 달라고 했다. 없단다. 아니 안 된단다. 급기야 파리만 날리는 식당 안에서 우리의 시선을 피해 부산스러운 척한다. 괘씸하다. 싸움하려면 적군의 수를 파악하는 것이 중요한 법. 우리의 적은 아이라이너로 눈에 힘을 준, 기센 여주인 셋이다.

우리의 영수증 간청에도 응답하지 않는 그들을 등지고 나오는 길, 우리를 '호갱'님으로 치부한 그들을 엄단할 결심을 한다. 투어리스트 관할 경찰을 찾았다.

과테말라는 우범의 불명예를 안고 있는지라 일부 관광 도시에는 여행자 상대의 경찰이 있다. 론리 플래닛(전세계 가이드북)에 나온 경찰서 위치에 키 높은 벽이 세워져 있었다. 동네를 쳇바퀴 돌듯 돈다. 점점 분노 지수는 높아져간다. 날씨는 기똥차게 좋고, 상대적으로 우리의 시간을 앗아간 죄질까지 더해졌다.

드디어 현지인의 도움을 받아 경찰서에 당도했다. 침 튀기 경주대회에 나선 것처럼 탕탕과 나는 열변을 토했다. '알잖아. 이런 가격이 시장에서는 불가능하다는 거.' 그들은 고개를 끄덕, 끄덕거린다. 그런데 되레 일을 더 크게 벌이는 발언을 했다.

"그곳을 처벌하려면 리포트를 써야 해. 일단 다른 경찰이 이곳의 영업 상태를 조사하고, 리포트를 올려서 승인을 받아야 처벌이 이루어져. 여기 작성해."

"아니(손사래를 쳤다) 그게 아니라, 우리는 그냥 그들에게 '경고'를 하고 싶어."

리포트를 뒤로 한 채 두 명의 경찰이 앞장선다. 든든해야 하는데, 되레 불안하다. 동네의 건장한 청년을 매수하는 게 차라리 낫지 않을까? 경찰은 경찰인데, 핏기 없는 얼굴과 비리비리한 몸의 소유자들이다. 어쨌든 피해자인 우린 그들을 따라 나섰다.

식당 안. 역시나 진입한 두 경찰을 보자마자 아이라이너 마마들은 우리를 비난하는 랩퍼가 되었다. 경찰은 그 아우라에 뒷걸음질까지 친다(난 분명히 보았다). 인근 시장의 귀추가 주목됐다. 꾸벅꾸벅 졸던

개까지 일어나 기웃거린다. 경찰의 주의대로 우리는 그들 뒤에 잠자코 서 있었다. 휴… 우리가 원한 건 그저 "미안하다."라는 말뿐인데.

안티과
+Antigua

여행의 경종인 사기는 분명히 추억이 된다. 50센트에 목숨 거는 여행자끼리 사기극 배틀을 하며 달을 허리춤에 차고 맥주를 비워가는 낭만은 있다. 하나 사기의 현재는 추억이 아니다. 크든 작든 사기를 당하면, 늘 그 후폭풍이 문제다. 자신을 잔뜩 질책한 후(난 왜 이렇게 어리석을까?) 그 나라를 통째로 저주한다(이런 망할 나라 같으니!). 급기야 사람을 믿지 않는다(너도 나 속이려는 거지?). 여행이 길어지면서, 그저 속는 것으로 그치는 게 용납되지 않는다. 잃은 푼돈의 문제가 아니다. 여행자의 책임감 때문이다. 그 아이라이너 마마 때문에 시장을, 안티과를, 더군다나 과테말라를 마음속에서 잃고 싶지 않았다. 다른 여행자에게도 서슴없이 이곳을 추천하고 싶으니까. 우리가 '호갱'으로 그친다면, 그들은 다음 여행자도 '호갱'으로 상대할 것이다. 시장에 그런 '호갱' 행위가 가득해지면, 미래의 여행자들은 점점 발길을 끊게 된다. 현재 우리가 기쁘게 여행하는 그 길에는 분명히 바르게 선행한 여행자가 있었다. 우리가 걷는 이 길엔 미래의 여행자가 함께할 것이다. 우리는 결코 심심하고 돈이 많아서 길을 나선 것이 아니다. 시장을 보호하기 위한 사명감 아래 행동했다.

아이라이너 마마들은 다른 여행자에게 또 사기를 쳤을까? 정직의 유통기한이 얼마나 길었을지는 몰라도, 당분간은 아닐 것이다. 아니 그리해야 한다.

광기와 만취, 그 축제에 관한 사진 기록

토도스산토스쿠추마탄(Todos Santos Cuchumatan)

미친 듯이 달린다. 내일이 없는 것처럼. 매해 같은 날, 과테말라 토도스 산토스 쿠추마탄(이하 토도스 산토스)에서는 술에 찌든 유혈 경기가 펼쳐진다. 3일간의 축제, 그 꿈 같던 현장을 기록하려 한다.

과테말라 토도스산토스는 첩첩산중 공중부양 도시다. 화산이 아닌 산 중 중미에서 가장 높은 해발 2,500m에 떠 있다. 근처 큰 도시인 우에우에테낭고에서부터 봉고차에 실려 고소공포증에는 악몽인 산길을 달려야 한다. 고작 43km 거리지만, 2~3시간여 걸린다.

그곳에는 마야 후예의 원주민이 산다. 주민 90% 이상이 마야의 언어인 '맘'을 쓰며, 그들만의 전통 복장을 한다. 코흘리개 아이부터 90대 할아버지 모두. 그 풍경에, 턱이 빠졌다. 이 오지가 세상에 드러난(적어도 지도상에 표기된) 것은 불과

✈ 토도스산토스쿠추마탄
✈ Todos Santos Cuchumatán

1945년. 작가 마우드 오크스가 이곳에 2년간 머무른 뒤 쓴 2권의 책으로부터였다.

매년 10월 31일~11월 2일, 이 고요한 마을에 핵 폭풍이 분다. 모든 성인의 날(All Saints' Day)인 11월 1일을 기념하기 위함이다. 3일간 불야성, 내일이 없는 축제가 열린다. 도시명인 토도스산토스는 모든 성인(all saints)이란 뜻을 품고 있다.

우리에게는 '할로윈 데이'로 익숙한 10월 30일, 축제의 시동이 걸렸다. 폭죽이 터지고 마림바가 울린다. 인근 산중에서 원정 온 이를 실은 봉고차의 경적은 코러스다. 정적인 마을이 가장 동적으로 변환되는 순간, 술은 성급하게 비워진다. 술을 목 넘김 하는 소리조차 들릴 정도다. 그 중심선상에는 께찰테카라는 과테말라 전통 독주와 맥주가 있다.

11월 1일 이른 아침, 모두 한 방향으로 걸음을 재촉한다. 축제의 하이라이트로 여겨지는 말 경기(Skach Koyl)장이다. 얄궂은 나무 펜스가 경기장 안과 밖을 구분하며, 200m의 모랫길을 안배하고 있다. 경주 같지만, 경주가 아니다. 승부의 기준은 '빠르기'가 아닌 '버티기'다. 회당 편도로, 길의 시작과 끝을 달릴 뿐이다. 이때 변수인 술이 끼어들면서, 인내 테스트의 정점을 찍는다. 쉼 없이 마시고, 또 격하게 달린다. 이 승마의 도돌이표 경기는 알코올이 분해될 시간 따위는 두지 않는 만취 경주다. 그곳에는 하이라이트도, 괄호도, 부호도 없다.

말 경기의 근원은 마을의 '흑역사'로부터 추정된다. 스페인 정복자가 과테말라를 쓸어버린 1500년대 초반, 검과 갑옷으로 무장한 정복자들이 악마처럼 이곳에 나타났다. 동시에 마을의 영웅도 탄생했다. 한 강심장의 주민이 정복자의 말을 훔쳐 잡히기 전까지 죽을 힘을 다해 달렸다. 이후 그 용기를 기리며 마시고 달린다. 그리하여 말 위의 마초들은 영화 〈쇼생크 탈출〉의 명장면(두 팔 벌리기)을 재연했던가. 자유, 이 경기의 초심이었다.

최고의 눈요기는 경기보다는 승마자의 치장에 있다. 한 해 중 토도산테로스(토도스산토스 사람들)가 가장 눈부신 날이다. 남자의 기본 전통 복장은 자수 옷깃이 있는 줄무늬 셔츠와 줄무늬 팬츠, 그리고 파란 테를 두른 밀짚모자다(기혼자는 팬츠 위로 검은 망토를 두른다). 축제는 레이어드 룩의 풍

년이다. 모자엔 먼지떨이 같은 깃털과 리본이 달리고, 셔츠 위로 화려한 스카프가 걸쳐진다. 질주할 때면, 리듬을 타는 색이 세상을 물들였다.

구경꾼도 만만치 않다. 여자의 기본 전통 복장은 자수 튜닉과 짙은 청색 롱스커트다. 이 날이면 아이든 할머니든 옷장에서 가장 화려한 자수의 옷을 꺼내 맵시를 뽐낸다. 저마다 경기 조망 자리를 꿰차고 환하게 웃었다. 위험하게 느껴질 정도다.

이와 정반대 선상, 축제의 이면이 있다. 여러 구설이 난무했다. 말은 주인 손을 심히 타건만, 승마자 대부분은 말 주인이 아니다. 인근 마을에서 편도당 금액을 지불해 빌려 탄다. 심지어 말을 생전 처음 타는 간 큰 사내도 있다. 술에, 속도에 못 이겨 낙마하는 건 자명한 사실. 모래야 배불리 먹는다 쳐도, 다른 말에 짓밟히는 비상 앞에선 웃음이 쏙 들어간다. 심지어 목숨을 잃는 유혈 사태가 벌어지기도 했다. 오전 10시 40분경, 첫 부상자가 발생했다. 젊은 10대 승마자다. 병원이 없는 이곳의 응급치료도 마야식이다. 어미들은 물이나 께찰테카를 입에 머금은 뒤 그를 향해 시종일관 뱉어냈다.

광기인가, 호기인가. 그들은 멈추지 않는다. 기절 후 눈만 뜨면 제자리로 돌아왔다. 눈가가 찢어지고 피멍이 든 정도라면, 당연히 나온다. 오히려 본인의 건재함을 알리는 엄지손가락을 척 세운다. 그리고는 맥주를 들이켰다. 토도산테로스 사이에는 이런 전설이 있다. 만일 이 경기에서 누군가 죽는다면, 다음 해 풍년일 거라는 희생설. 토도스산토스는 감자나 브로콜리 등을 경작하고 커피 대농장을 소유하고 있다.

태풍의 눈. 오후가 될수록 격해지는 혼란과 유혈 사태 가운데, 스스로 깊은 잠을 택한 이도 있다. 시장은 지난 2008년 이래 독주를 금지했으나 축제 때만큼은 예외라고 한다.

✈ 토도스산토스쿠추마탄
✦ *Todos Santos Cuchumatán*

축제의 이튿날, 11월 2일은 망자의 날이다. 어제처럼 발걸음이 향하는 곳은 하나, 공동묘지다. 24시간 영업인 듯한 바는 오전에도 발 디딜 틈이 없다. 세상에 음주 금메달이 있다면, 이들이 떼어 놓은 당상이다.

작은 십자가가 있는 좁은 문을 관통하니 또 한 번의 충격이다. 무덤이 세상의 모든 색을 입었다. 명을 다한 혈족도 있으나 대부분 집단학살에 사라진 영혼이었다. 1982년경 에프라인 리오스 몬트(Efrain Rios Montt) 대통령의 군사 독재에 의해 2천여 명의 이곳 마야인이 희생됐다. 36년간 내전의 참사였다. 그때의 비극을 영롱한 마림바와 함께 달래고 있다.

망자를 향한 마야인의 애달픈 마음이 전통 복장에 드러난다는 설도 있다. 망자의 불멸을 기원하기 위해서라고 한다. 이에 따르면 붉은 팬츠는 조상의 뿌려진 피요, 파랗고 하얀 줄무늬 셔츠는 하늘의 영혼을 상징한다.

무덤 위에 앉거나 서거나. 대부분 바람에 시간을 흘러 보낸다. 망자를 위한 자리는 현재를 살아가는 이들의 연결 고리이기도 하다. 우연과 필연이 섞인 만남, 1년 중 단 한번의 축제가 내어준 선물이다.

다음날 새벽녘, 우에우에테낭고행 봉고차에 오른다. 새하얀 서리가 창문에 끼었다. 손으로 쓱쓱 지우니, 여전히 새하얀 수염을 단 산속이다. 이것은 분명 꿈이다.

검은 피부가 건널 수 없었던 문턱

리빙스톤(Livingstone)

"우리 구역 와 봤어? 블랙 쿼터(black quarter) 알아?"

오전 7시경, 리오 둘세에서 건너온 반수면 상태의 우리를 깨운 알람이다. 소다 음료를 병째로 들이키며 사내가 알짱거렸다. 낯선 여행지에서의 첫 문장치곤 참 박복하다. 우리가 무슨 우범지대라도 당도한 건가. 그러기에는 리빙스톤은 현재 관광업으로 먹고 사는 초라한 섬이다. 이곳은 과테말라에서 가장 큰 이자발 호수의 끝, 육로 진입이 전면 통제다. 받아들이기에 따라 정반대의 정서가 시소 게임을 한다. 지독한 외로움은 뒤집어보면 독립적인 자유다. 석 달 치 빨랫감 아래 맨발의 청춘이 공놀이를 하는, 사람 사는 일상을 둘러보고 온 길이었다. 확실한 건 무더위만큼은 외롭지 않다. 모든 사람을 KO패 시키고 있다.

역사적으로 살펴보면, 이곳은 '검은 카리브인'이라는 피부색으로 구분하는 가리푸나 족의 생활터전이다. 1600년대 아프리칸 노예를 실었던 2대의 스페인 배가 세인트 빈센트 연안에서 난파당하면서 역경의 생은 카리브해와 함께 회오리치기 시작했다. 아프리카인은 살기 위해 죽도록 헤엄쳤고, 카리브해 원주민의 터에 가까스로 닿았다. 그때부터 자연스러운 공생이었다. 두 인종은 말도 섞고 몸도 섞으면서, 하나의 독보적인 가리푸나족으로 탄생했다. 이후 유럽의 땅 따먹기 식민 투쟁 가운데 착취당한 그들은 흘러 흘러 이곳 리빙스톤에 생을 불어넣었다. 그들의 피부는 카리브해에 그을린 바닷 바람이요, 그들의 음악은 카리브해 자체다. 마을에 컬러가 있는 곳은 햇살을 가득 머금은 원색이다.

"시민 전쟁(Civil war) 이후 스페니시와 블랙이 나뉘어 있어. 시간되면 한번 들러."
시간만큼은 부자인 우리는 '한번'을 미래에 수락했다.

미래는 제법 빨리 왔다. 겹경사다. 토도스산토스에서 안면이 있는 다비드가 기다렸다는 듯 악수를 청한다. 그가 친구 먹은 베토는 블랙 쿼터로 우리를 안내했다. 야심한 밤, 쿼터의 구분에 경계 따위가 있을 리 없다. 가로등이 다소 인색한 안쪽이란 느낌이 있을 뿐, 쿠바에서처럼 세우세용, 모네다네쇼날용 식당을 구분하는 영민한 감각도 먹히지 않았다.
클럽이자 바의 문을 여니, 37.5℃ 열기로 후끈거린다. 가격은 열기와 정반대다. 모든 술이 10Q(약 1천3백원) 이하다. 누구라도 한턱 내고 싶은 욕구에 사로잡힐 때, 베토는 얌전한 신사답게 주문하는 선수를 친다. 베토는 리빙스톤에서 태어나 8년간 섬 밖을 유랑하다가 돌아온 탓이다. 신체 검사학을 위해 쿠바에서 5년간 공부한 수재는 잠시 부자(!) 숙소의 매니저 역할을 하고 있다. 머릿수만큼 서로 쏘는 행각은 계속되고, '배둘레햄' 언니들의 과감한 스윙 댄스 사이에서 유일한 동양인(=나)의 스텝은 활기를 띠었다.

리빙스톤
✈ *Livingstone*

기분 좋게 2차를 가자고 했다. 탕탕과 나는 잠자리보다 바의 기능에 충실했던 숙소로 퇴각 명령을 했다. 숙소 앞에는 우락부락한 경비원이 유령처럼 서 있다. 희희낙락 들어가는데, 뒤가 영 허전하다. 따라오던 베또의 길이 막혔다. 이유를 듣고 기도 막힌다. 외부인이어서가 아니라, '흑인'인 까닭이다. '너도 흑인이 아니더냐!'라고 용기 내지 못했다. 베또는 이미 뒷걸음질 중이다. 도리어 "Good night" 하며 분쟁에서 물러선다. 티 없는 웃음으로 무마시키려고 했지만, 그의 눈빛은 슬픔이 비집어 나오고 있었다.

전 세계 75억명 중 흑인과 그다지 연이 깊지 않은 나조차도 뜬눈으로 본 차별이다. TV가 아닌 생중계다. 베또의 무너지는 억장과 마주하기 어려워 굳이 급하지도 않은 화장실로 피했다. 돌아오니, 베또의 술잔이 가득 채워져 있다. 그의 몸은 문 안이나 그의 마음은 여전히 문밖이다. 삐뚤어진 숙소의 사상까지 바꾸기에는 검은 피부의 짐이 가혹해 보였다.

다음 날 아침, 우리는 견디지 못하겠다는 듯 이 숙소를 떠난다. 그건 어제의 비겁함 때문이기도 하고, 불평등의 바위에 맞선 날계란 치기이기도 했다.

Caribbean Sea

HONDURAS

면적 112,090km²
방문 포인트 8spots+α
체류일 20days
평균 지출(일/인당) $22

NICARAGUA

라고데요호아 _ 에란디케 _ 코판루이나스 _ 온두라스 전역 _ 코판루이나스

세상이 'O'이 된다면

라고데요호아(Lago de Yojoa)

사실 온두라스에서 대부분 배낭 여행자의 발길은 카리브해를 낀 우틸라 섬으로 축약된다. '전 세계에서 가장 싸게 스쿠버 다이빙 자격증을 딸 수 있다.'는 명예가 젊은 피를 끓게 하는 연유다. 그에 반해 우리는 물장구 치는 것만으로도 행복에 겨운 꽃중년(탕탕은 꽃노년?)…. 여행한 지 8개월 째, 우리는 같은 물가일지라도 크기에 몰입해 있다. 온두라스에서 '가장 큰' 호수인, 라고데요호아를 첫 출격지로 삼았다.

여전히 우리는 산 넘고 물을 건너고 있다. 과테말라 국경을 넘어 대도시인 푸에르토코르테스에서 산 페드로술라를 거쳐 라고데요호아로 향하면서 스쿨 버스, 봉고차, 치킨 버스로 뻬기듯 똥차를 갈아치웠다. 애증의 배낭은 짐이 아니라 사람 행세 중이다. 우리의 눈에는 무릎에 앉힐 만한 자식만하건만, 버스의 차장은 엄연한 성인으로 취급한다. 세 명 분의 가격을 치른 버스는 여행자가 득실대는 숙소로 가고 있다. 정보가 배꼽의 때만도 못한 온두라스이기에, 숙소는 캄캄한 앞길을 열고 여행법을 알려주는 가이드다.

변방의 숙소는 찔러도 피 한 방울 나오지 않을 모던한 시스템 아래 운영되고 있다. 숙박비와 음료비, 식비 모두 체크아웃 시 일괄 계산된다. 기막힌 홈메이드 맥주 제조로, 특히 대낮 술을 즐기는 유럽인의 체류 기한을 늘리고 있다. 벽은 어떤 질문도 사절하는 프런트 데스크의 역할을 성실히 수행한다. 타 도시로 빠져나가

라고데요호아
+ Lago de Yojoa

거나 볼거리로 접근하는 교통편의 하우투 시리즈는 물론, 연계성 없는 마사지 서비스까지 안내의 도가니탕이다. 그 중에서 우리를 사로잡은 건 말콤 씨와의 새 구경 보트 투어! 이름과 얼굴을 대문짝만하게 붙인 어느 자신감 있는 추어탕 식당을 떠올린다. 게다가 말콤이라니, 영화 〈말콤 X〉를 떠올리며 새와의 투쟁을 벌이는 모험에 적절한 이름이라 판단했다.

아, 여행의 노동이여. 새벽 6시경 구름이 산기슭 위를 걸어갈 때, 말콤 씨가 스르륵 왔다. 아니 말콤 도사쯤 될까. 식물 무늬 패턴의 티셔츠 아래로 스트라이프 팬츠를 긴 장화에 구겨 넣은, 밀짚 모자의 백발 노인이다. 치렁치렁한 백발은 뜨는 해에 발해, 후광처럼 느껴진다. 그 모습에서 철썩 같은 믿음부터 쌓였다. 수행을 생활화한 그의 집도 명상 그 자체다. 인도와 태국, 그 언저리에 머물던 그의 우주는 스틱형 향과 갓 내린 커피 향으로 뜻밖의 평온을 잡아두고 있다. 커피에서 모락모락 나는 김만이 우리에게 과연 모습을 드러낼 지 모를, 새의 불투명한 오늘과 닮았다.

쓰윽, 달그랑, 쓰윽, 달그랑. 노를 저을 때마다 수채 물감처럼 번져가는 물결. 노 젓는 뱃사공으로불리기에는 아까운 중절모 미남이 합세한다. 안개는 호수 위를 종종걸음으로 걷고, 배는 세상을 투영한 맑은 호수를 어지럽히면서 나아갔다. 망원경을 눈으로 삼은 말콤 도사는 새를 향해 45도 각도의 팔뚝이 고정 상태다. 망원 렌즈를 단 탕탕의 카메라는 도사의 시선 방향에 정확히 꽂았다. 그 즈음 이런 복화술이 오고 간다.

'저기를 봐.' '저기도!' '저거, 저 푸른 색!' '케찰이네? 모모투스인가?' '집새가 만든 집 좀 보라구.'

이곳 라고데요호아에는 대략 4백50여 종의 새가 서식한다는 기록이 있다. 말콤 도사의 레이더에 잡힌 건 3백50여 종이다. 온두라스에 기거하는 새의 70%가

이곳을 유랑하는 셈이다. 양 옆으로 제법 키 큰 나무를 지나고, 먼 발치에서는 행운과 번영을 의미하는 연꽃 위로 알알이 물방울이 맺혀 있다. 절벽 사이로는 능구렁이가 씩씩 살기를 뿜어낸다. 세모꼴 가지 위로는 왜가리가, 나무 꼭대기에는 외로움을 견디는 독수리가 늠름하게 몸을 세운다. 4명의 새 애호가는 새를 건너 또 새로, 무자극의 평온 속에서 가슴이 부풀어 올랐다.

더 나아가니, 호수란 단어가 영영 멀어지고 있다. 그저 수평선 위를 부양하는 중이다. 공존의 의미가 제로 상태다. 나도, 세상도 사라져버린 느낌이다. 하긴 79km² 크기의 이곳을 가늠하는 일은 얼마나 부질없던가. 세상이 리셋된다면, 상념했다. 그 사이 많은 것이 놓여지고 있다. 욕심, 자극, 자책, 불안 등 애초에 분리수거하고 싶었던 것들이다. 자연이란 유형 쓰레기에는 기겁해도, 무형 쓰레기는 받아들일 줄 알았다. 이날 우리가 했던 건 새 투어가 아니라 힐링 투어라 불려야 할까.

앞으로도 잘 부탁해.
우리라는 여행자, 하늘을
가르는 그 자유를 모조리
복사해 오늘을 날 테니.

무적 강적, 쓰레기와의 전쟁

에란디케(Erandique)

라고데요호아를 떠날 때까지만 해도, 딱히 '이게 바로 온두라스!'라는 감이 잡힌 것은 아니다. 사실 우리처럼 예민한 성격이 '거기서 거기'라는 평가를 내리기는 대단히 어렵다. 예를 들어 우리가 받는 가장 난감한 질문은 "중남미에서 어디가 제일 좋았어?"다. 눈동자를 강하게 스핀하며 "다 다른데….."라고 하면, '뭐라도 대라고!'라는 실망 섞인 협박이 감돈다. 가히 질문 셔틀을 하는 한국인의 강철 의지다. 위기 탈출을 위해 "음, 멕시코…?"라는 준비된 대답을 건네곤 했다(나 혼자뿐이다. 탕탕은 프랑스 특유의 자존심으로 부리부리하게 쳐다볼 뿐). 그런 우리에게도 온두라스는 아직 '온두라스다움'을 보여주지 못했다. 그야말로 '거기서 거기'다.

지금껏 거쳐온 마을은 딱히 캐릭터도 없다. 마을마다 하나쯤 있을 법한 자랑거리도 외출 상태다. 긍정의 기운을 끌어온다면 마을이 하나의 자랑거리에 매몰되는 습성이 없고, 여행자 입장에서는 각 마을의 정취에 밋밋하게 묻어간다. 하지만, 여기 에란디케는 다르다. 가이드북에서 말하기를 '훌륭한' 하이킹 코스, 라스콰토르초레라스가 있다. 풀이하자면 '4개의 폭포'가 있는 곳이다. 게다가 소요 시간도 딱 30분! 동네 야산을 오르듯 식은죽 먹기라는 정보다. 땀에 비 맞은 생쥐가 될 염려도 없고, 인내심을 발동시키지 않아도 될 상상에 웃고 있다.

기분 좋게 산을 탔다. 삼림욕을 제대로 거드는 기분이다. 한 철조망에 걸린 낡은 브래지어가 의문이었으나(그 자리에 연이 걸려 있었다면 썩 어울렸을 것이다) 누군가의 재치로 받아들인다. 그로부터 5분이 흘렀을까. 소나무 숲을 병풍으로 한 산의 평지에 닿았다. 그런데 뭔가 잘못되었다. 우리는 일시에 얼음 상태. 엄친아 같은 두 마리의 말이 꼬리를 치고 있다. 푸르게, 푸르게 유한킴벌리 산도 걸려 있다. 그런데 폭포는커녕 당장 서야 할 땅이 보이지 않는다. 파리가 벌떼처럼 꼬이는 쓰레기 무덤이다! 인간이 배설하고 폐기한, 거룩할 리 없는 유산이 있었다. 실제 상황이다. 우린 산 한복판에서 공포의 쓰레기 무덤을 만났다.

쓰레기는 잔뜩 기가 살아 있었다. 비닐 봉지, 부서진 집기, 플라스틱 병, 운동화 등 다양한 출신의 쓰레기가 땅을 압도하고 있다. 삼중턱도 모자라 십중턱을 이룬 쓰레기 더미들. 고약한 냄새가 코를 찌르고 불쾌감이 살을 떨리게 한다. 들판을 뛰어다녀야 온당한 말이 먹거리를 찾는 똥개 신세다. 빅 무니츠(쓰레기를 콜라주로 해 대형 인물화를 완성한 작가)가 이곳에 원정 오면, 풍족한 소재에 지화자를 부를 판이다. 슬펐다. 동시에 분노한다. 모질게 학살당한 산에, 대신 엎드려 사과라도 하고 싶다. 이후 우리는 후유증에 단단히 시달렸다. 어딜 가나 쓰레기부터 먼저 보이고 쓰레기에 과민 반응하는, 이름하여 '쓰레기 아노미'다.

에란디케
✦ Erandique

사실 쓰레기 불감증에 대해, 이렇게 온두라스에만 꼬투리를 잡는 게 미안하다. 니카라과나 과테말라의 대부분 치킨 버스 터미널 역시 그냥 공식 쓰레기 매립지라 해도 무방하다. 중남미는 쓰레기 무단 투기의 귀공자다. 사진을 찍으려면 눈앞 쓰레기를 치우다 못해 그를 피한 각도 찾기에 베테랑이 된다. 쓰레기 투척은 장소를 가리지 않는다. 마을, 고속도로, 산, 자연보호 구역, 해변 등 어디나 그들의 쓰레기통이다. 몰래 버리지도 않는다. (있다면) 쓰레기 버리기 경주대회에 참여한 선수처럼 휙휙 버린다. 특히 버스 안은 비양심 절정의 무대다. 앞사람이 창밖에 버린 주스 비닐봉지로 신개념 얼굴 팩을 한 사람이 바로 나요, 탕탕이었다. 사람은 시대를 닮고, 여행자는 나라를 닮는 법이라 했던가. 누가 봐도 외국인이 창 밖으로 바람에 실어 쓰레기를 보낸다. 이 땅의 가려진 저주였다.

온두라스의 쓰레기 산 등반 이후, 신여사(=엄마)가 귀신같이 물은 게 기억난다.

"에이고야. 그런 나라(잘 들어보지 않은 나라를 칭하는 46년생 엄마의 표현이다)에 가서 뭘 배울께 있따꼬?"

속으로 중얼거렸다.

'절대 이런 나라가 되어서는 안 된다고. 그걸 절절히 각인하고 있어, 엄마.'

중남미 여행은 여러 깊이와 너비의 인내와 이해를 자주 요구한다. 그럼에도 이것만큼은 우리의 한계를 넘어섰다. 중남미하면 화려함, 열정, 곧 뜨거운 것으로 통한다. 종종 우린 중남미하면 쓰레기라는 새로운 함수를 느끼곤 했다.

코판루이나스
✈ Copán Ruinas

같은 날, 태어난 사람과의 작별

코판루이나스(Copán Ruinas)

　코판루이나스는 마야의 유적지(Parque Arqueologico Copan)로 자존감이 센 동네다. 그 곳에는 온두라스를 건너뛰는 여행자가 크게 통탄할만한 유산이 있다. 기원전 250~900년대 마야인 전성시대로 절정의 꽃을 피웠다가 먼지처럼 사라져간, 시간이 멈춰버린 곳이다. 중남미를 유랑하다 보면, 때로는 유적지에 가서 몸 둘 바를 모르는 신 경험을 한다. 그저 돌무더기 앞에서 역사적 감흥을 불러일으키지 못하는 자신의 무지에 고개 숙이거나, 이 고생해서 여기까지 오느니 집에서 책이나 읽는 게 더 유익했다고 후회하거나.

　그런데 이곳은 달랐다. 어느 편이든 판야 나무 아래 트레일을 걸으며 시간을 되감아 가면, 별안간 가슴이 철렁한다. 골프장도 긴장할만한, 널찍하고 푸른 잔디밭이다. 그에 뚝뚝 세워진 석비의 조각을 0.5cm 앞에서 살피는 탐구심이 분출한다.

세월도 이겨낸 석조상의 디테일에 쉬이 발걸음은 떼어지지 않는다. 그 뜻까지 꿰다 보면, 한나절은 꿀꺽 삼켰다. 이렇게 잘 보존하고 있으면서, 쓰레기 청소는 맘만 먹으면 누워서 떡 먹기 아니니 (재생하는 온두라스 효과)! 포기한 온두

라스의 가능성을 발견한 계기이기도 했다. 여기서 숨 쉴 수 있음이 행운이다.

또 다른 운발도 터졌다. 이곳에서 집 같은 곳을 만났다. 소파 위에 드러누워 리모컨을 조작하는 만년 과장이 되어버리는 집. 낮잠이 내 운명 같고, 뭘 해도 심리적 안정 상태. 이민 왔다고 해도 반론하지 못할 정도로, 시장에 단골집도 생겼다. 눈치 안 보고 쓸 수 있는(눈치 주는 곳이 꽤 있다는 이야기) 부엌과 페이스북 페이지가 놀랍게도 잘 열리는 인터넷 속도(중미는 버퍼링의 천국), 널찍한 방과

코판루이나스
✈ *Copán Ruinas*

수압 좋은 샤워기까지, 이게 얼마 만에 만끽하는 호사스러움인가! 그 호사는 진짜 집 주인인 움베르토 가족 덕이다. 장기 체류에 특가 할인 은혜를 베푼 그들은 실행력 100%의 자동반사 가이드이기도 하다.

"인디오 보고 싶어서 '라핀타다'를 가려니, 툭툭 기사가 콧대가 높네?"
"말 대절해줄 테니까 그거 타고 가. (전화 거는 중)"
"현지인이 자주 가는 로컬 맛집 어디야?"
"두 곳을 알려줄게. 한 군데는 가격대는 높지만 맛은 끝내주고….
(지도 그리는 중)"

오늘은 2배로 축하할 생일이다. 이 세상에 태어나 물의를 빚지는 않았는지 돌이켜보는 날이다. 운명이라 불러 볼까. 지구 반 바퀴를 돌아온 나와, 같은 날 태어난 이를 여기서 만났다. 집주인인 움베르토다. 애초에 광장 주변을 헤매던 우리를 이곳으로 구제한 것도 운명이었나. 그로부터 나를 반추한다. 너란 아재 느낌, 나도 아줌마? '그렇지 않아!'라고 고개를 저어보지만, 틈이 없을 정도로 꼽힌 생일 케이크로부터 나이를 직감한다. 모공의 반지름이 어째 좀 커진 느낌이다.

집은 오전부터 야단법석이다. 발가벗은 세 마리의 닭이 야외 부엌으로 끌려왔다. 즉각 물이 꽉 담긴 철제 양동이 속에 빠진다. 움베르토 부인은 찌든 때를 벗기듯 퐁퐁을 묻힌 수세미로 거칠게 목욕을 시킨다. 어깻죽지와 엉덩이 안쪽까지 빡빡, 닭살까지 벗겨질 정도로 빡빡. 옥상에서는 장작불이 지펴진다. 구식 오븐 위로 양동이, 양동이 위로 구이용 판, 판 위에 목욕재계한 닭이 눕혀진다. 오리지널 훈제 방식이다. 졸지에 친구를 잃은 닭이 서성이는 가운데, 대형 테이블 위로 촌티 나는 꽃무늬 테이블 보도 깔린다. 싹싹한 움베르토 대가족의 자리에, 움베르토 딸을 무릎에 앉힌 두 명의 이방인도 초대됐다. 내 영혼의 닭고기 수프였을까. 쫀득쫀득한 닭고기 살이 씹히는 국물을 넘기면서 가슴이 울컥거린다.

이 생일상은 각별한 만남이자 동시에 이별이다. 서로의 탄생을 축하하기 위함이요, 동시에 내일 먼 길을 떠날 이 여행자의 배를 두둑이 채우는 작별 인사이기도 하다.

"또 만나면 되지 뭐."
우린 또 하얀 거짓말을 해버렸다. 수프를 후루룩 한 그릇 더 마셔야겠다.

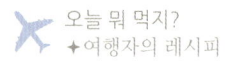

오늘 뭐 먹지? 여행자의 레시피

탕탕과의 여행을 결심했을 때 결코 예상하지 못했던 천운이 있으니, 그게 바로 식사다. 탕탕은 프렌치 가이다. 선입견으로 딸려오는 '요리를 잘한다.'라는(사실 모든 프렌치 가이가 그런 건 아니다) 훈장을 지닌 전통적인 남자였다. 나이가 자연스레 데려올 꼰대 기질 대신 그에게는 천혜의 손이 있었다. 쓰러지는 부엌에서 제한된 재료로 5성급 요리로 만드는 저 미다스의 손! 가끔 난 그를 요리사 대용으로 데려간 게 아닐까. 나도 몰랐던 어떤 무의식을, 프로이트를 대동해 의심했다.

멕시코를 떠나니, 식당 찾는 재미가 확 줄었다. 길거리 음식부터 고급 식당까지 차원을 달리했던 먹거리 도전은 잿빛처럼 사라졌다. 특히 온두라스에서는 심각하게 고민한 적도 있다. 우리 배를 가르면 몇 마리의 닭을 만들 수 있을까? 이 나라는 어찌된 것이 모든 요리법이 구이와 튀김으로 귀결된다. 오늘 점심은 닭 가슴 구이, 저녁은 닭 튀김, 내일 점심은 닭 다리 구이다. 그리고 밥, 밥, 밥. 때로는 기름 덩이인 중국 음식이 오히려 우리의 구원자라 생각했다. 그들의 습관인 초저녁 식사에 동참하지 않는 우리 책임도 있다. 밤늦게 가면 오로지 닭집만이 우리를 환영했다. 식당 문 앞에서 우리는 어김없이 닭살이 돋았다.

가격도 우리의 적수다. '여행자를 위한 식당'에는 수식어가 달려야 한다. '돈 많은'이다. 요리의 폭은 넓지만, 가격의 수위가 높았다. 때로는 서비스란 이름으로 영문 모를 세금이 우리를 당황하게 했다. 한 번쯤 분위기를 낸다 해도, '잦은 외식은 가정 경제를 무너뜨려요.'라는 기초 경제학을 기억할 필요가 있다. 현지인 식당의 일명 오늘의 메뉴(애피타이저, 주요리, 음료가 세트)만 먹다가는 양 때문에 기아가 될지도 모르는 상황. 결국, 탕탕은 자신의 요리 솜씨를 자발적, 비자발적으로 발휘해야 했다. 탕탕은 요리할

줄도 알았다. 그것도 잘했다. 그런 점에서 나는, 장기 여행 준비에 요리 공부를 추가해도 좋다는 의견이다.

이런 럭셔리 부엌만 있다면 얼마나 좋으련만

대부분의 부엌. 가스 불이 오직 두 개, 누구 코에 붙이나.

자, 숙소로 돌아가자. 5성급 요리는 산해진미의 재료와 모든 도구가 잘 갖춰진 부엌에서 탄생한다. 중미의 변방으로 갈수록 이런 조건은 대부분 '해당 없음'이다. 숙소의 칼은 쓰는 용도를 잃은 지 오래요, 프라이팬은 폐기처분 직전이다. 그런 악조건에서 요리에 대한 경외심에서 우러나온 그릇의 레시피를 공개한다. 단, 3분 요리를 원하는 발광은 사절. 한국에서 직접 요리하기보다 외식을 택하거나 레토르트와 인스턴트 식품으로 연명했던 나 역시 가장 참기 힘들었던 대목이기도 하다. 맛을 향한 기다림과 탐미가 요리의 팔 할이다.

명심할 것. 정신 및 체력 싸움이 되는 장기 여행은 늘 버티고 잘 먹어야 한다.

오늘 뭐 먹지?
✦ 여행자의 레시피

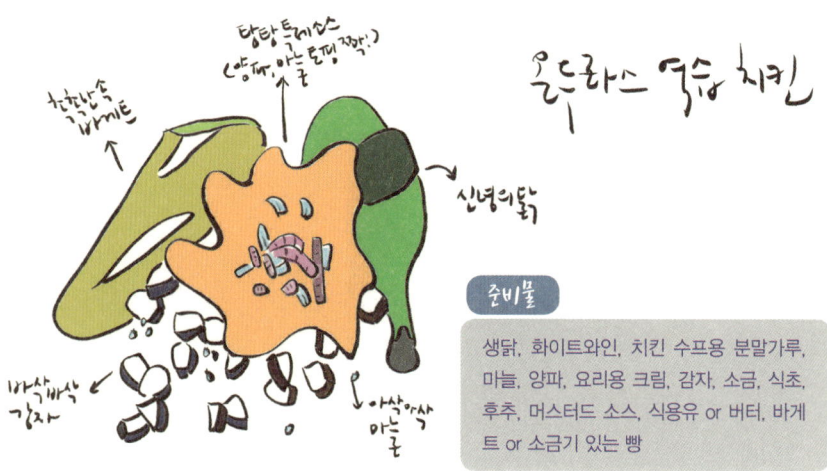

준비물
생닭, 화이트와인, 치킨 수프용 분말가루, 마늘, 양파, 요리용 크림, 감자, 소금, 식초, 후추, 머스터드 소스, 식용유 or 버터, 바게트 or 소금기 있는 빵

화이트 와인은 가장 싼 와인을 구입한다. 단, 세코(seco) 타입. 달달한 와인은 절대 금지.

요리법

1. 버터(식용유보다 권장)가 보글보글한 프라이팬에 취향에 따라 부위별로 잘린 생닭을 굽는다. 여기에 소주잔 정도의 화이트 와인과 식초를 또로로. 요리하면서 화이트 와인은 마셔도 좋다. 취기 in 요리.

2. 무조건 큰 냄비를 선수 쳐서 차지한다. 장차 닭이 친히 들어가 소스와 버무려질 예정이므로. 원하는 소스 양만큼 물을 붓고 치킨 수프용 분말 가루를 넣고 휘휘 젓는다. 여기에 알아서 소금 조금, 후추 조금, 와인 조금.

이렇게 구워낸 감자는 스테이크나 초리조(스페인식 양념 소시지)와 곁들여도 좋은 효자 재료.

3. 또 다른 프라이팬을 공수한다. 양파와 마늘을 넣고 식용유 없이 불에 지진다. 여기에 와인 조금, 식초 조금. 이때 허브 가루를 뿌리면 그윽한 맛과 향을 만날 수 있으나 목숨 걸 필요는 없다.

④ ❸의 내용물을 잠시 접시에 피신. 눈치 보이니 이 프라이팬을 재사용해 네 등분한 감자를 굽는다. 소금으로 간을 맞추고 암에 걸릴까 걱정될 때까지 바싹. 감자 굽기는 찌그러진 프라이팬으로는 호락호락하지 않아 30분 이상은 소요된다.

⑤ 조리된 양파와 마늘을 ❷의 냄비에 투척하고 섞어준다! 머스터드 소스도 본능적으로, 원하는 만큼 투척. 원칙상 큰 수저로 2큰술 정도다.

소스에 빠진 치킨. 걸쭉한 느낌이 들 정도로 크림을 와락 쏟는다.

⑥ 자, 회합의 시간. ❷의 냄비에 ❶의 치킨을 퐁당! 간을 보고 식초나 와인 추가 여부를 판단한다. 괜찮다 싶으면, 100g의 요리용 크림을 아낌없이 붓는다.

⑦ 작은 불로 끓인다. 젓는다. 소스 맛을 다시 탐미한다. 더 필요한 게 식초? 혹은 와인? 체크한다.

⑧ 소스가 앙큼한 거품을 낼 때가 바로 먹을 시간. 대형 접시에 구운 감자와 식초에 빠진 크림 치킨을 담아낸다. 빵과 함께 먹을지는 선택 사항.

⑨ 남은 소스로 삶은 파스타와 한 끼 더? 온두라스야 좀 배워줘. 끝.

빵 더 없어? 소스는 빵으로 싹싹 닦아 먹어줘야 할 듯한 의무감이 든다.

소요 시간

숙소의 가스 불을 몇 개 쓸 수 있느냐에 따라
1시간(3개)~2시간 이상(1개)

코판루이나스 - 후아유아
✈ *Copán Ruinas - Juayua*

'미션 임파서블' 국경 대장정

코판루이나스(**Copán Ruinas**) - 후아유아(**Juayua**)

온두라스에 하직할 시간. 지도를 펼친다. 엘살바도르로 건너가는 건 당초 우리 계획에 없다. 별감흥 없는 엘살바도르를 과감히 제치고, 만나는 여행자마다 칭송하던 니카라과로 넘어갈 참이다. 그날 밤, 키다리 독일인 여행자와 만나기 전까지는.

"엘살바도르 사람들, 참 친절해요."

사람 그리고 친절이라… 온두라스에서 목말랐던 두 단어에 우리는 일시에 매료 당했다. '친절한 사람을 찾아 떠나는 여행'이라니, 이 얼마나 낭만적인가. 궤도를 전면 수정한다. 가자, 엘살바도르로! 다시 지도를 펼쳤다. 그리고 이내 털.썩. 절망한다.

우리나라 경상북도 크기보다 작은 엘살바도르는 과테말라와 온두라스 사이에 빌붙은 모양새다. 국경이 맞닿은 점에서 유럽 지리와 비슷해 보이지만, 속사정은 전혀 다르다. 온두라스와 엘살바도르 사이에는 도로가 드물다. 거리상 10km 옆이라도 연결된 도로가 없어 건너갈 재간이 없는 첩첩산중이다. 우리가 머문 온두라스 북서부의 코판루이나스(이하 코판)는 그 중에서도 최악의 조건이었다. 엘살바도르보다 이미 여행한 과테말라와 인접해 있다. 온두라스-과테말라 국경에서 바로 과테말라-엘살바도르 국경으로 진격하는 직행 버스가 있었다면? 아름다운 이야기일지 모르겠다. 그러나 그 사이 버스는 고사하고, 도로 자체가 없다. 게다가 여행자는 입국 도장을 받는, 즉 출입국 관리소가 있는 국경을 건너야만 한다는 조건이 붙었다.

모든 사정을 수렴한 최종 결론. 엘살바도르의 첫 목적지인 산타아나로 가려면, 온두라스 코판에서 과테말라를 거쳐 엘살바도르로 가는 게 답이다. 유일한 답인데, 꼭 오답 같다. 지도 앞에서 분노의 헤드뱅잉을 하자, 숙소 주인이 솔깃할 만한 정보를 흘린다. "코판에서 산타아나로 넘어가는 셔틀버스, 그러니까 여행자 대상

코판루이나스 - 후아유아
✦ Copán Ruinas - Juayua

버스가 있어." 올라! 4시간이 걸린단다. 하지만 36달러라는 가격이 너무 먼 당신이다. 오, 장기 여행자의 숙명이여. 우리는 돈보다 체력을 축내기로 한다.

어느 금요일, 날씨는 마음을 닮아 흐림. 각자 40kg에 달하는 배낭을 지고 전투 태세를 갖춘다. 자, 3국을 하루 만에 주파하자! (휴....)

경로

코판루이나스(온두라스) ➜ 엘플로리도(온두라스-과테말라 국경) ➜ 치퀴물라(과테말라) ➜ 안구이아투(과테말라-엘 살바도르 국경) ➜ 메타판(엘 살바도르) ➜ 산타아나(엘 살바도르) ➜ 후아유아(엘 살바도르)

온두라스 코판루이나스에서 과테말라 엘플로리도행은 꽤 양호하다. 한 고개를 힘겹게 넘는 10km의 산간 도로다. 30분 이내라 해놓고 40분 여 소요됐으나 이 정도는 속은 게 아니다(우리는 사기 당하기의 베테랑이다). 국경을 넘으니, 환전상과의 협상이 따라붙는다. 과테말라에서 갈아탈 오직 2번의 버스를 위해 케찰로 환전했다. 스스로 오늘의 '어이상실' 여정에 힘을 주고 싶었는지, 과테말라 입국 도장을 다시 받으며 "과테말라 사랑해!"라고 고백을 해버렸다.

다음 과테말라 엘플로리도에서 치퀴물라까지는 2시간 여, 꽤 신식 미니버스여서 심히 감탄했으나 50km 거리에 둘러싸인 미스터리한 소요 시간이다. 치퀴물라에서 떨궈진 곳은 터미널이라기보단 재래 시장통이고, 엘살바도르의 안구이아투행 버스를 찾는 건 북새통이다. 교통비만 남기고 시장 먹거리를 구매해 남은 케찰을 털어냈다. 그 사이 비쩍 마른 사내가 버스 문을 두들기며 "안구이아투! 안구이아투!" 손님을 호객해 얼른 올라탔다. 이미 만석임에도, 버스는 호객을 위해 재래시장을 순회한다. 드디어 출발하는 거냐. 본격적인 출발로부터 10분도 지나지 않아 중남미에선 아주 '중요한' 기사의 점심시간이 되어 정차했다. 그들의 점심시간은 참 관대하다. 국경까지는 60km, 총 2시간 30분을 거리에 버렸다.

국경에서 엘살바도르 입국 도장을 받았다. "드디어 엘살바도르야!"라는 흥은 도무지 나지 않는다. 앞서 말한 대로 우리의 최종 목적지는 산타아나다. 가이드북왈, 안구이아투 국경에서 산타아나까지 직행 버스가 있다고 했다. 현지인에게 확인 차 물어보려고 했으나 국경이 서부 영화 찍기 좋은 허허벌판이다. 때로는 최선이 아닌 차선책이 여행의 보약이다. 산타아나행 버스가 많은 메타판으로 가자고 탕탕과 합의했다. 메타판행 버스가 출발한 지 30초 후, 반대편 차도로 산타아나행 푯말이 붙은 버스가 스쳐 지나갔다. 하늘은 우리를 버린 게 분명하다. 이때 영화 〈슬라이딩 도어즈〉의 'turn my time'이 우리의 배경 음악이다. 'If only I could turn back time~ I would stay~'.

코판루이나스 - 후아유아
Copán Ruinas - Juayua

　우리가 엘살바도르에 왔음을 확실히 느낀 것은, 바로 버스 안 풍경이다. 버스 안 차장이 손님 각자에게 행선지를 묻고 '우아하게' 종이 티켓을 끊어준다(과테말라에서는 구두로 행선지를 묻고, 여행자에겐 웃돈을 받는 게 흔하다). 게다가 비집기 기술의 엉덩이로 3인석을 5인석으로 개조하는 과테말라와는 하늘과 땅 차이다. 엘살바도르인들은 끼어 앉기보다 때론 서는 걸 택한다. 나는 깊은 감명을 받았다. 그래서 내친김에 더 멀리 가자고 했다. 지리상이 아닌 감정상 엘살바도르에서 첫 여행지로 삼고 싶었던 곳, 후아유아까지. 이런 미친 결정이 47.5km밖에 안 되는 거리를 2시간여 달리는 버스 안에서 이루어졌다. 우리의 탑승 체감은 1분이 1시간으로 되어 간다.

　산타아나 종점이라고 하여 내렸더니, 후아유아행 버스가 있는 공용 터미널에선 멀찍이 떨어진 사설 터미널이다. '여기서 그만둬.' 악마의 속삭임이 들렸으나 시체처럼 공용 터미널까지 걸었다. 오늘 온두라스에서 국경 넘기를 시작한 게 오전 9시. 오후 6시경 냄새 나는 우리의 몸은 드디어 후아유아행 버스에 실렸다. 40분이 걸린다던 이 버스는 1시간 20분 후 목적지에 도착했다.

　온두라스의 코판에서 엘살바도르의 후아유아까지의 대장정. 서울에서 부산보다 적은 216km란 거리를, 세 나라에 걸쳐 10시간 만에 주파했다. 잊지 말라. 쌀가마 같은 배낭을 14번 버스에 올리고 내리는 수고가 있었다는 것을. "웰컴!"하는 숙소에 도착하자마자 침도 나오지 않는 두 거지의 입에서 터져 나온 한 마디.
　"미.....션.... 파..서..블....."
　13일의 금요일이었던 그 날. 이젠 뭘 못한다는 생각은 하지 못할 것 같다.

엘살바도르

EL SALVADOR

7

루타데라스플로레스 _ 산타아나 _ 산살바도르 _ 수치토토

루타데라스플로레스
✈ Ruta de Las Flores

치유란 이름의 버스 여행

루타데라스플로레스(Ruta de Las Flores) - Ⅰ

우리가 엘살바도르에서도 후아유아까지 기어 들어온 데엔 이유가 있다. 루타데라스플로레스 때문이다. 이름 하여 아리따운 '꽃길'이다. 이 길은 남부의 손소나테부터 북부의 아우아차판을 잇는 거친 이름의 하이웨이 CA-8번의 36km 구간을 이르는 낭만적인 별칭이다. 동시에 이 길을 관통하는 249번 버스 노선의 달콤한 이름이다. 애석하게도 '꽃길'이라는 이름은 전적으로 꽃의 계절인 5월의 힘이었다. 건기와 우기로만 계절을 구분하는 이 나라에 5월은 하얀 입을 벌리는 커피 꽃과 빛 먹은 야생화의 향연이다. 하나 건기라고 토라질 필요는 없다. 11월~4월은 커피 밭이 주연이요, 야생화는 조연이 된다. 이 시기, 꽃길은 커피 길이라 불리는 게 옳다. 나라를 먹여 살리는 엘살바도르의 1등급 커피가 이곳 고산지대의 기후와 토양에서 풍성한 열매를 맺기 때문이다. 민둥산일 법한 산은 터를 단단히 잡은 커

피 농장 덕에 초록빛 입체감을 드러낸다. 언제나 249번 버스의 창문 밖은 한 편의 영화(映畵)이자 한 순간의 영화(榮華)다.

이 꽃길에는 다섯 마을이 있다. 마을의 한 귀퉁이를 뜯어 퀴즈를 낸다 해도 맞출 정도로, 각 마을은 새침하게 저마다의 성격을 드러낸다. 아타코는 '포토그래퍼의 꿈이 되는 장소'라는 수식어가 있을 만큼, 벽화 옆 벽화의 행진이 이어진다. 우리가 베이스캠프로 삼은 후아유아는 "Buenas~!" 인사를 눈만 마주치면 할 정도로 친절이 좔좔 흘렀다. 엘살바도르에서 두 번째로 높은 산골인 아파네카, 색색의 모자이크로 조각된 살코아티틀란, 나무로 꿰어낸 수공예품을 토해내는 나우이살코까지 닮은 듯 닮지 않은 마을을 249번 버스는 무법자처럼 달린다. '오빠만 믿으면 돼.'의 이 늙은 여행자 오빠는 버스다.

버스 탑승법이 따로 있을 리 없다. 단, 무언의 제스처만 가미하면 됐다. 버스에 오르고, 기사는 턱을 시크하게 든다. 여행자는 행선지를 밝힐 의무가 있다. 기사는 갱지로 된 버스 티켓을 사표 던지듯 끊어주면서 부르릉 액셀레이터를 밟는다. 우리는 왕년에 시험의 찍기 기술을 발휘해 마을을 선정하곤 했다. 목적지에 내리지 못할까 봐 안절부절할 이유도 없다. 본능적으로 감이 온다. 빽빽한 산세의 휴게소

루타데라스플로레스
✦ Ruta de Las Flores

처럼 남다른 마을의 조성이 눈에 띄고, 언제나 '환영합니다(Bienvenido)'라는 선간판이 확인 사살을 날린다. 무심코 한 사진에 끌려 여행지로 선정하는 이유가 되듯 한 풍경에, 한 꽃에, 한 마을에 끌려 내릴 이유가 249번 버스에는 존재한다. 이상한 노릇이다. 매일 버스를 타며, 지난 상처를 위로 받는 이 기분. 저 만연한 미소가 퍼지게 하는 풍경, 모든 것이 괜찮을 거라는 어떤 위로였다.

"잠시만요! 우리 여기서 내려요!"
아타코에서 후아유아로 돌아오는 길, 정류장도 없는 길 한복판에 현지인처럼 버스를 세운다. 가슴이 퍽 한 방 맞은 듯한 풍경이 펼쳐졌기 때문이다. 아파네카가 위치한 아파네카 야마테페크 산맥의 전경이다. 내리자마자 뒷걸음치게 하던 광활한 바람은 전망대에 오르니 되레 와락 얼싸 안았다. 완만한 허리춤의 산 능선과 정겨운 어깨동무를 한 지척의 농장은 녹색 바다다. 큰 구름모자를 쓴 산꼭대기 뒤로 보내야 할 것이 있다. 이 '꽃길'에서 봄의 전령을 만나지 못했다는 아쉬움, 부디 저 너머로 가버리렴.

그날 밤, 숙소 근처에선 예고 없던 폭죽이 밤하늘에 꽃을 그린다. 펑펑 터지는 불빛 앞에 꼬맹이들은 지칠 줄 모르고 "더! 더"를 목청껏 외치며 뛰어다닌다. 주인에게 영문을 물으니, 이유를 모른단다. 하긴 이유가 중요한가. 우리에겐 오늘을 기뻐할 축제가 필요할 뿐인 것을.

'구원자'라는 엘살바도르 이름의 뜻을 조금은 이해할 것만 같다.

루타데라스플로레스
✦ Ruta de Las Flores

IL DIT
ENTRE LA PASSION

루타데라스플로레스
+ Ruta de Las Flores

후아유아 vs 아타코 풍경 맞짱

후아유아(Juayúa)

249번 버스로 통하는 길의 중간 지점에서 남북으로의 좋은 접근성, 넉넉한 편의 시설 덕에 꽃길에 전세 내고 싶은 여행자가 터를 닦는 마을. 흑인 예수로 유명한 교회도, 말끔한 기념품 매장도, 셔터를 멈추기 힘든 벽화도 있다. 특히 주말마다 미식가의 풍년이다. 인근 마을에서 내로라하는 손맛의 요리사가 중앙 공원 근방으로 노상 테이블을 전투하듯 내놓는다. 계단식 폭포가 있는 하이킹 코스인 로스초로스데카렐라(Los Chorros de Calera)로의 외도도 일품. 이 마을을 벗어날 때쯤 친절 전도사로 전염된 자신을 발견하고 놀란다. 부디 오래 가야 할 텐데.

콘셉시온데아타코(Concepción de Ataco, 이하 아타코)

"하하하" 전망대(Mirador de la Cruz)에 올라 미니어처가 된 세상에 호령하며, 여행의 포문을 연다. 미끄러지듯 연결되는 골목은 마을을 캔버스 삼은 여러 벽화가의 무대다. 깔끔하게 마감 처리된 고양이 그림 옆으로 빈티지한 터치의 이구아나, 편집 증세가 있는 미상의 풍경화 곁으로 푸푸사스(여러 재료를 섞어 만드는 일종의 호떡 같은 두터운 토르티야)를 구워내는 아낙네의 투박한 현실화가 이어진다. 밥은 든든히 먹고 움직일 것. 멜로, 코미디, 다큐멘터리 등 이 무정형 오픈 갤러리를 섭렵하다 보면 탈수, 탈진 증세는 성급히 찾아올 테니까.

민트 아이스크림이 화산에 녹는다면

산타아나(Santa Ana)

엘살바도르의 서쪽 도시, 산타아나에 짐을 풀었다. 으리으리한 스페인 식민 시대 건축물과 붉은 야간 업소가 팽팽히 공존하는 곳, 노동의 낮에서 환락의 밤으로 빠르게 바뀌는 곳. 이곳에서 잠자는 화산에 오를 예정이다. 가는 길은 제법 쉽고 싸지만, 노곤하다. 게으른 시내 터미널에서 오전 7시 30분 발 버스를 타야만, (가이드 필수인) 트레킹에 참여할 수 있다. 버스의 종점은 곧 트레킹의 시작점이다. 도시의 때를 벗은 지 1시간 반이 지날 무렵. 덜컹덜컹, 화산은 다소 투박하게 다가왔다.

버스의 종점은 공식적으로 '화산들의 국립 공원', 현지인 사이에선 '세로베르데 국립공원'으로 통용된다. 엘살바도르 국립공원 중 가장 큰 6천3백m²인 만큼 자신

있게 내놓은 자식이 셋이다. 산타아나, 이잘코(혹은 일라마테펙), 그리고 세로베르데 화산. 그 중 산타아나 화산 트레킹이 오늘의 과제다. 1520년 폭발한 이후 12차례 이상 크고 작게 분화했던, 고약한 성질의 화산이다. 생텍쥐페리의 〈어린 왕자(1943)〉 속 어린 왕자가 살던 소행성의 활화산 중 하나가 여기에서 영감을 받았다는데(극중 '장미' 캐릭터는 그의 살바도르인 아내), 높이도 가장 높다.

매표소를 갓 관통했지만, 시간 때우기라는 숙제가 기다린다. 이 화산은 까다롭게도 하루 딱 한 번, 오전 11시 그룹 투어만 허락했다. 보안(특히 강도)과 자연 보호 문제상 가이드와 경찰이 보모처럼 그룹을 앞서거니 뒤서거니 한다. 신중히 해발 2,030m 주차장을 관찰하고, 왕년에 160년간 불길이 치솟았다는 이잘코 화산을 상상했으나… 남는 건 시간이다. 급기야 시간 때우기를 열렬히 돕던 분화구 옆 전망도 운해가 모조리 삼켜버렸다. 뭘 더하지.

"화산 갈 거지? 따라와."

가이드의 꽁무니를 따라가는데, 사기는 한 번 더 꺾인다. 그래, 시작이야 두 손을 불끈 쥐었건만 좀 오른다 싶더니 터무니없는 하산이다. 급기야 올라갈 길이 까마득한 곤두박질형 내리막길이었다.

산타아나
✈ Santa Ana

본격적인 등산이 시작될 즈음엔 이런저런 고혈도 짜낸다. 입장료 외 사유지 통행료, 가이드 및 경찰 인건비, 보호 유지비 등! 돌아갈 수 없는 강을 건넌 뒤 털어간다는 강한 의심이 고개를 들었을 때, 뒤따르는 무장 경찰과 눈이 마주쳤다. 군말 않고 오르겠습니다.

트레킹의 초입은 들숨과 날숨을 적당히 조절할만한 강도다. 들풀과 들꽃은 가빠진 호흡에 기쁨의 코러스를 넣는다. 새 그림 안내판과 풍경은 봄이거늘, 어찌 여문 초가을의 냄새로 일렁일까. 키 높은 나무 지붕으로 적막한 숲이 하늘에 노출된 순간, 길게 테를 두른 둘레길은 시작된다. 강아지풀이 무릎을 간질간질, 초롱꽃은 고개를 살랑살랑, 세상의 만물이 속삭인다. 오를수록 이 화산, 화원이 되기로 작정했나 보다.

화원의 안주인은 역시 마게이(용설란과, 아메리칸 알로에)다. 지상에 박혀 별이라 부를 만한 영물이다. 잔뿌리를 끝없이 땅속에 내려 박힌 마게이는 대나무 같은 줄기가 쭉 뻗어 샛노란 실타래 꽃을 피운 뒤 생을 마감한다. 여기가 마게이의 자궁이요, 곧 무덤인 셈이다. 그 사이 배신감이 들 만한 급경사는 이어지고, 올라도 올라도 제자리를 걷는 듯한 악몽도 현실이 된다. 한 자리에서만 평생을 사는 마게이는 얼마나 위태롭고 경이로운가. 우리의 숨도 깔딱깔딱댔다.

하늘이 너무 커져 버렸다고 느꼈을 때, 척박한 사막이다. 마게이도 사라지고, 생명력이 있는 것은 모두 뒤로 빠진다. 일행의 말수도 먼지처럼 사라졌다. 슬금슬금 풍겨오는 유황 냄새만이 정상으로 안내하는 목자다. 불과 100m 앞, 분화구의 능선에 앞선 일행이 손톱만 한 크기로 보인다. 타원형 분화구는 긁히고 할퀴고 쏠린 지층의 영절스런 상처가 그대로 남겨져 있다. 그리고 화제의 화구호가 눈 앞이다. '꿀꺽.' 침 삼키는 소리에 스스로 놀랐다.

300m의 아찔한 깊이, 민트 아이스크림 컬러의 화구호는 모락모락 김을 내고 있다. 산타 아나 분화구는 그 질감도, 형태도, 컬러도 이국적이다. 세상에 없는 시공간으로 빨려 들어간 기분이랄까. 나는 단단히 홀려 있다. 바람이 등을 떠밀었고, 그 이후는 기억나지 않는다.

산타아나
✈ Santa Ana

탕탕이 오른팔을 낚아챈 순간, 발에 미끄러진 자갈돌이 분화구 속으로 데굴데굴 굴러떨어지고 있다.

"천국이야, 지옥이야?"

그제서야 새하얗게 질린 나를 향한 탕탕의 물음이다. 자갈돌은 흔적 없이 사라졌다.

아직이다. 세상에서 사라지기 전, 내겐 더 감동할 것이 이곳 너머에 남아 있다.

속은 천국, 겉은 지옥

산살바도르(San Salvador)

산타아나에서 산살바도르로 향하는 버스 안, 우리는 바짝 졸았다. 도시다. 게다가 수도다. 벨리즈시티 이후로 기피한 곳이 수도다. 세계 범죄율의 평균치를 높이고, 벌건 대낮에도 극악무도한 강도와 도둑의 잔치가 되는 그 무대. 범죄 신고를 알리는 피켓이 환경 보호 공익광고마냥 천연덕스럽게 서 있는 그 동네. 여행자도 그들의 타깃을 완벽히 벗어나지는 않는다. 중미의 사전에서는 수도란, 그나마 있는 자들이 모이고 없는 자가 이를 뺏는 약육강식의 세계로 풀이될는지도 모른다. 우리 같은 무지몽매한 중생은 이를 경멸할 사치를 부리지 않고 그저 피해갈 뿐이다.

그런 우리가 산살바도르라니! 간이 배 밖으로 나온 것이다. 꼭 보아야 할 것이 있었다. 지도만 펴면 슬그머니 다가와 돕는 살바도란(엘살바도르 사람)의 친절로

산살바도르
San Salvador

오만해진 탓도 있다. "우리는 행운아야!"라는 자기기만도 잠재해 있다. 터미널에서 숙소 가는 버스를 찾느라 서성거릴 때, 엘살바도르식 자동반사 친절은 이 정글의 세계에도 여전히 작용했다. "뭘 도와줄까? 어디 갈 건데?" 우리는 당신의 친절을 당분간 거절한다. 함부로 지도를 펴거나 두리번거리는 것을 줄이기로 했다.

시골에서 갓 상경한 우리는 도시에서 제대로 뺑뺑이를 하고 있다. 단단히 녹 슨 시내버스는 곧 문 한 짝이 탈출할 것 같다. '이제 시작하는 거야!'란 의지로 뭉친 버스는 막막한 종점행이다. 파업인가, 오늘 그곳으로 가는 버스는 없단다! 교통지옥, 교통대란의 살기가 흐른다. 숙소가 있는 부촌의 신시가지로부터 어렵사리 구시가지로 진입하면서 부티는 훌훌 벗겨진다. 퇴근 시간대도 아니건만, 버스는 대략 산소 부족 상태다. 도시의 이런 느낌마저 즐기는 촌사람 둘을, 차장이 오래 전부터 힐끔거렸음을 알고 있었다. 그는 참지 못하겠다는 듯 마임을 시도한다.

'그거 집어넣어. 그 (요물) 말이야.'

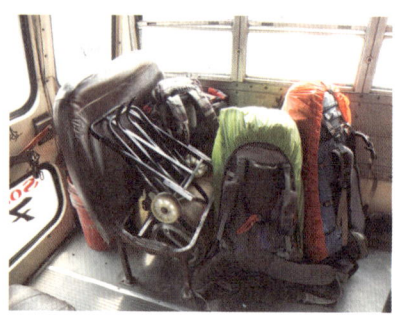

　가슴팍에 있던 카메라가 잘못된 위치에 있다는 신호다. 슬그머니 가방 속으로 요물을 밀어 넣는다. 우리가 도시의 범죄를 가중할 문제의 불씨가 될 생각은 추호도 없었다.

　떨면서 국립 궁전에 닿았다. 뿔이 몇 개 달려 있을 거라 상상한 시내 한복판이다. 첩보 작전처럼 외관 딱 한 장만 찍으려는 찰나, "그리 좋은 생각 같진 않은데?"라고 경고하는 비즈니스 우먼이 바람처럼 사라진다. 경찰의 장총보다 위험을 함축한 문장이다. 그간 동서남북에 눈을 달았던 경계는 이곳 문이 닫히고서야 풀렸다. 여느 가이드북에서는 인색한 이 국립 궁전은 산살바도르에서 가장 먼저 가보라고 등 떠밀고 싶은 장소다. 그간의 이 도시의 궤적을 한눈에 파악할 수 있는 데다가, 무엇보다 그동안 천대받은 카메라를 꺼내 들어 바깥 세상에 맘껏 발포(!)할 수 있는 곳이다. 산살바도르의 중심인 7가지 구역을 묶은 바리오스(brrios) 광장은 이곳 사방의 창가에 걸려 있다. 한 창가 앞은 가판대와 버스가 터질 듯 쇠약한 시장이다. 우범 지대에 납신 우리의 행차가 의아한지, 졸졸 따라오던 관계자는 낚시하듯 툭툭 던진다. 우리의 대답은 침묵이다.

　"혹시 그거 알아? 저긴 아무도 못 건드린다는 거."

산살바도르
San Salvador

"그런데 라코스테 티셔츠를 2달러에 살 수 있어."

"하긴 저기서 뭐든 못 구하겠어."

마약도 파니, 물어보진 않는다. 한참을 내려다본다. 이곳 창은 개방이 아닌 단절을 의미한다는 걸 어렴풋이 느꼈다. 바깥 풍경은 금세 무너질듯한 불안, 우리는 핸섬한 네오 클래식 건축 아래 평화다. 어쩌면 천국과 지옥은 늘 공존하는 건지도 모른다. 우리가 기어이 이곳으로 온 이유는 뭘까. 애초에 뭔가를 보려고 떠난 여행일 리 없다. 그것은 단순한 동기일 뿐, 여행자와 여행지가 부딪히는 여러 화학 반응으로 각자 다른 여행을 만들어간다. 걷고 또 걷는 그 이유를 알고 싶어 걸을 수밖에 없다.

닫힌 철제 문의 빗장을 열면서, 우리의 안전장치도 다시 풀리는 듯하다. 로사리오 성당이 코 앞이다. 그 무지개가 쏟아지는 천국 속으로 다시 숨을 죽인 채 뚜벅뚜벅 걸어갔다.

여행에서의 피크닉

수치토토(Suchitoto)

산살바도르에서 수치토토로 향하는 버스 안에서는 엘살바도르만의 이상적인 풍경이 펼쳐지고 있다. 같은 치킨 버스임에도 과테말라와 상식 자체가 다르다. 지난날, 국경을 넘을 때의 감동 그대로다. 엄연한 2석을 5~6석으로 바꾸는 과테말라의 비인도주의적(!) 궁둥이 붙이기 전술과 달리, 엘살바도르에서는 우아하게 차장 밖을 바라보며 서기를 택하는 이들을 관찰 중이다. 내릴 승객을 위해 홍해처럼 빈틈없던 사람 사이에 길이 갈린다. 이곳에서 배웠다. 같은 환경일지라도 역시 사람 나름이다. 사람이란 무지갯빛 카멜레온이요, 얼마나 전능한 피조물인가. 이 나라를 뜨기 전, 엘살바도르의 무욕을 반 푼어치라도 닮아야 할 텐데… 평생의 숙제일 것이다.

수치토토에 내리니, 배움은 다른 방식으로 흘러간다. '여기 중미 맞아?' 그 불명

수치토토
✈ *Suchitoto*

예의 훈장, 쓰레기가 보이지 않는 연유다. 쓰레기를 돌덩이로 여겨온 그간의 적응력을 무용지물로 만드는 순간이다. 껌 종이 하나 보이지 않고, 무엇보다 쓰레기통이 제 역할을 하고 있다. 쓰레기통 주변은 골인에 실패한 쓰레기도 없다.

역시나 대책 없이 온 우리 앞에는 숙소 '삐끼' 하나 없다. 사심 있는 친절이라도 이게 좀 섭섭하고 심심한 일이다. 우리를 바라보는 이들 역시 '어, 왔니.'란 담담한 미소뿐이다. 중미의 치열함 대신 얌전함이, 자극 없는 살가움이 있다. 어찌 먼 길을 거쳐 이곳까지 평화가 파고든 건지, 오히려 그 이유를 찾아 우리만 치열하고 바빠진 기분이다.

사실 우리가 유난히 영혼을 끌어모아 이런 작은 마을을 넘보는 이유는 늘 변수가 있는 까닭이다. 지도가 필요 없고, 걸을수록 마음에 담는 것이 생긴다. 당초 거창한 기대가 없기에, 실망이 기를 펼 틈이 없다. 산살바도르의 교통 지옥과도 안녕! 이곳은 인공호수가 있고, 소박한 갤러리가 있으며, 살아보고 싶은 집이 있고, 시장이 열리며, 무엇보다 우리와 대화를 즐기는 마음이 아른거린다. 주말인 오늘은 퍼레이드가 한창이다. 마을 바닥을 심장 박동수 따라 울리는 음악 아래 변신을 일삼는 청춘이, 바닥을 기고 문에 껌딱지처럼 붙어 다니며 거리를 홀려버린다. '죽음의 신부' 캐릭터의 여인(처녀 귀신의 엘살도르판 정도)은 땀에 제대로 번진 마스카라로 대낮에 저승사자의 공포를 소름으로 키우고 있다. 들뜬 이상기류다. 아, 찌릿찌릿해!

이곳에서 걷기로 불가능한 사정거리에 딱 한 곳, 폭포가 있다. 테르시오 폭포(Cascada Los Tercios)다. 오후 2시나 3시경, 경찰 에스코트를 받는 게 좋다는 조언을 읽었다. 기어이 어여쁜 기억만 남겨주겠다는 깜찍한 엘살바도르식 안전법이다. 1명이면 족하거늘 경찰 2명의 부재로 치안은 어쩌지? 경찰로서는 오히려 책상머리에서 시간을 죽이는 일보다 여행자와 잠시 일탈하는 것에 신명 난 눈치다.

마치 범죄자 후송되듯 경찰차에 실려 간 건기의 폭포는 폭포가 아니다. 덕분에

수치토토
✈ *Suchitoto*

민낯의 절경이다. 마치 석공이 매만진 듯한 현무암 기둥이 하늘에서 뚝뚝 불시착한 형체다. 수치토토를 떠나는 걸 미루기 위해 핑계 삼아 들린 외딴곳. 자생적으로 조각한 자연 앞에서 네 명은 "참으로 처음 보는 장면이군." 시니컬한 한마디로 쑥쑥 솟는 경탄을 대신한다.

맛이라는 게 때론 쓰기도 하고, 때론 달기도 하다. 여행도 그렇다. 수치토토에서의 맛은 강렬하지는 않아도 계속 생각나는 그런 감칠맛이다. 어떤 음식은 언제 또 먹을 수 있을지 그립듯 어떤 여행지는 언제 다시 갈 수 있을지 그립다. 평화를 안착한 이틀간의 피크닉. 수치토토의 뜻은 '꽃과 새의 품'이다. 우리는 행여나 꽃과 새이기를 바라는 마음일까.

라스페니타스 _ 그라나다 _ 이슬라데오메테페 _ 리오산후안

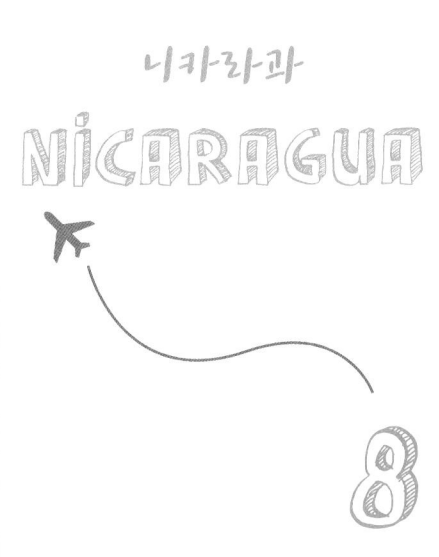

로스구아투소스 _ 마켄구에레서브

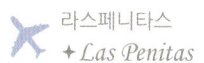

여행에도 휴가가 필요하다(feat. 비자 연장하기)

라스페니타스(Las Penitas)

우리의 여행도 7개월을 넘기면서 나는 빌 브라이슨이 〈나를 부르는 숲〉에서 숲을 빗대어 말한 '광대무변한 하나의 단일성'을 어렴풋이 느끼고 있다. '숲이다! 어제도 거기에 있었고, 내일도 거기에 있다.'라는 그저 걸으려는 의지에만 놓인 나를 발견한 것이다. 새로운 나라인 니카라과로 건너왔지만, 행복해 미칠 것 같은 흥분에 사로잡히지는 않는다(그 전에는 종종 느꼈다). '이 나라는 어떨까? 대체 어떤 놀라운 일이 벌어지고 있을까!'라는 뜨거운 탐험심도 바닥난 시점이다. 맙소사, 내게도 '시시병'이 강림한 것일까.

시시병은 장기 여행자의 중병이다. 1년을 고비로 권태가 고착하는 이 병은 향수병과 합병증에 걸리기 쉽다. 나의 증상을 예로 들자면 나의 사람이 고프고, 한국어

수다가 그립고, 통장 잔고가 아쉽고, 무엇보다 떡볶이가 먹고 싶었다. 오늘 하루 어디를 갈지에 대한 발걸음에는 일상의 되돌이표 같은 애잔함이 반복되고 있다. 당장 돌아가고 싶지는 않지만 나아갈 힘이 빠져 버린, 그 중간 즈음이었다.

하긴 여행자의 일주일은 7일간의 노동이다. 보통 5일의 노동과 2일의 휴식을 취하는 노동 법규도 여행자를 야멸차게 비껴간다. 요일이 뭐 대수인가. 좋아서 하는 여행이니 늘 좋을 거라는 문장에도, 오류와 오해가 있었다. 여행자도 사람이다. 일주일간의 여행에도 여행 독이 있거늘, 6개월을 넘었다면 불치병에 걸릴 수도 있다. 환전상과의 실랑이, 무자비한 쓰레기 폐기, 정신을 아련하게 하는 더위와 불시에 덮치는 벌레 속에서 나는 어떤 통제되지 않는 감정과 이유 없는 반항에 시달리고 있었다.

"그럼 말이야. 휴가를 보내는 게 어때?"

오래 살았기에 현명한 탕탕의 심폐소생술이었다.

라스페니타스
Las Penitas

한편, 이런 휴가의 의지와 더불어 휴가의 핑계도 있다. CA-4 국경 협약에 따른 비자 연장이다. 외교통상부에서 기록하기를, 과테말라와 엘살바도르, 온두라스, 니카라과 각국은 '90일간 무비자로 입국, 체류'할 수 있다. 여기에는 '통합'이라는 단어가 빠졌다. 4개국 중 어느 곳에 발을 먼저 들이든, 어찌 떠돌든 CA-4가 정한 90일 이내에 이곳을 떠나야 한다(물론 1회에 한해 90일 연장도 된다). 이미 호되게 국경 넘기를 겪은 바, 이런 정부의 규율은 이해보다는 복종이 필요하다.

사실 이 여행이 세상의 속도를 파괴하고 있다고 생각할 무렵, 엘살바도르에서 발급할 용기를 낸 적이 있다. 후아유아 숙소 주인인 영국인 대런은 외국인을 다소 견제하는 엘살바도르 이민 정책에 대해 피 터지게 논하면서 우리의 연장 비자가 발급이 안되거나 되더라도 대략 180달러 정도는 감당해야 할 거라고 저주했다. "다른 나라에서의 발급이 쉽고 쌀 거야. 거기서 알아봐."라는 뜻도 강하게 덧붙였다. 같은 연장 비자임에도 금액이 다른 이유를, 우린 알지 못한다.

'어쩌면 엘살바도르 여행이 예상보다 짧아질 수 있지도 않을까?'란 기대도 우리에게 벌어지지 않았다. 무비자가 만료되기 반 달 전, 발급까지 일주일이라는 시간이 주어졌다. 탈 난 여행자의 휴가 기간이기도 했다.

니카라과의 제2도시인 레온에서 치킨버스는 라스페니타스를 향하고 있다. 라스페니타스는 태평양을 낀 손바닥만 한 어촌이다. 도시로부터 불과 1시간여, 어설픈 시나리오처럼 급작스런 촌동네 풍경이 펼쳐진다. 이미 사전 답사(!)를 통해 바다 앞 별장의 방 한 칸을 빌렸다. 우리의 목표는 사유, 행동의 분실이다. 동네에 딱히 놀고 볼만한 거리도 없고, 심신 보강용으로 일출과 일몰, 파도 관찰이 있다.

와이파이가 심히 아쉽지만, 부엌도 갖춘 숨기 좋은 장소다. 우리는 먹고 자는 인간의 최소한의 행위에만 집중할 참이다. 이제 그만 파도의 스테레오 사운드 앞에 수영복 차림으로 책장을 넘길 시간. 여행도 당분간 우리를 잊어주세요.

세상에서 다소 밍밍한 크리스마스

그라나다(Granada)

덥고 습한 레온의 한 레스토랑. 연말을 앞두고 다국적 여행자들 사이에서 땀나는 탁상공론이 펼쳐지고 있다.

"난 이번 크리스마스만큼은 특별하게 보내고 싶어."

"이왕이면 바다로 가. 그곳에는 판타스틱 버라이어티 파뤼가 있기 마련이거든."

"예약돼? 안 그래도 산 후안 델 수르 쪽을 살펴보니까, 연말에는 숙소가 꽉 찼더라고."

"아예 오메테페 섬은 어떨 것 같아?"

"글쎄다. 섬인데… 예약되디? 뭐, 거기도 뭐가 있을 수 있겠지."

20~30대의 열혈남아들은 '연말=파티'로 귀결짓고 있다. 말이 쑥 들어간 건 우리뿐이다. 서로 불행한 서울과 파리를 떠올렸다. 숙박 대란, 교통 지옥, 바가지 요

금 등 우리가 딱 싫어하는 칼바람이 회오리친다. 본격적인 연말 서바이벌이다.

매일 치고 빠지는 우리 같은 여행자에게도 이 연말 경쟁에서 살아남기 위한 '예약'이라는 귀찮은 업무가 따라붙었다. 왜 지고 밀리는 기분이 드는 것일까. '얼마나 이 크리스마스를 끝내주게 보낼 것인가?'와 '꼭 끝내줄 필요가 있을까?' 사이, 탕탕과 나의 흰 머리가 서럽게 하얘지고 있다.

그렇다고 아예 기대가 없었다고 하면 우리가 돌부처다. 이런 시기 이불 밖은 위험하지만 우리는 이미 집 밖이다. 더운 크리스마스를 단 한 번도 접해보지 않은 우리로서는 그들만의 특별한 풍경이 있을 거라는 일말의 기대가 불을 지피고 있다. 큰 실망을 줄이기 위한 나이가 준 방어기제다.

그러나 이것은? 없던 기대마저 긁어 부스럼 낸 분위기다. 우리의 페이스대로 도착한 그라나다에서 우리만 연말에 목메고 있다. 그라나다는 레온과 더불어 16세기 정복자에 의해 발견된, 니카라과 내에서도 가장 장수한 도시다. 전 세계를 한 바퀴 돌만 한 다국적 레스토랑과 잘생긴 스페인 식민 시대의 풍족한 건축 유산에 제대로 한눈 팔리는 이곳, 참 평화를 가시화한 도시다. 그런데 신나는 크리스마스는 어디 갔을까? 그저 365일 중 하루, 눈 떠서 잠들면 과거가 되는 날이란다. 휘날리는 눈바람 아래 꼭 껴안는 포옹 대신, 네 땀이 튈까 떨어져 걷는 고독이 선하다.

그라나다
+ Granada

엇박자 캐럴송 대신 뽕짝이 흐르고, 크리스마스의 흔적이라곤 꼼꼼한 조명설치에 실패한 광장의 대형 트리뿐이다. 크리스마스이브 날은 더 가관이다. 어디선가 밤하늘에 쏘아 올린 폭죽을 따라갈까 했지만, 코를 베어 가도 모를 싸늘한 어둠만이 도사리고 있다. 이 골목으로 들어올래, 말래? 연말보다 더 위험한 무언가가 서성이고 있었다.

콧방귀를 뀌던 그라나다는 칼자다 거리에서야 단절된 크리스마스를 허용하고 있다. 밀도가 높다. 연말 기분에 굶주린 여행자가 거리의 주인이니, 흐트러지고 방탕하고 시끄럽다. 등이 훅 파인 드레스를 입은 산타 언니 뒤로, 대형 인형이 무아지경 난입 댄스를 추고 있다. 우연이 낳은 합석도 불가피하다. 한 아이리시 펍에 잡은 테이블 위로 지난 여행길에 스쳤던 인연의 술잔 놓을 자리가 비좁아지고 있다. 밤을 잊은 대화는 십상 연말에 덕지덕지 붙은 특별함을 조롱하기에 충분하다. 하긴 크리스마스가 대수인가. 우리에겐 하루하루가 크리스마스인 것을.
"그라나다는 그냥 니카라과 그 자체야. 나머진 그저 산뿐이지!"
옆 테이블의 한 현지인이 동네 떠나갈 듯 소리친다. 그 굳은 자존심에 우리의 크리스마스도 이렇게 얌전히 지나간다.

자전거 타고 돌아보자, 섬 반 바퀴!

이슬라데오메테페((Isla de Ometepe) - Ⅰ

여행은 남부로 가면서 조금씩 탄력을 받고 있다. 만나는 여행자마다 침을 튀기며 추천하던 니카라과가 이거였어, 무릎을 탁 칠만한 풍경이 시작된다. 오메테페 섬이다. 호수 위에 떠 있다고 했지만, 섬 반대편 산호제 선착장에서 본 호수는 호수가 아니다. 선험적으로 파도가 육지를 위협하는 거친 바다다. 구름 모자를 단, 키 다른 화산이 봉긋 솟은 벌거벗은 섬. 체 게바라의 얼굴을 대문짝만하게 싣고 니카라과식 트로트가 쾅쾅 울리던 보트는 서서히 섬 내 모요갈파에 닿고 있다. 육지와 멀기에, 변방, 비밀, 슬픔 같은 류와 근접하다고 생각한 섬은 다가갈수록 솔직해진다.

우리가 상대할 오메테페 섬을 털어보자. 평방 276㎢와 길이 31km, 너비 10km의 제법 작은 체구는 어찌 보면 모래 시계, 야릇하게 보면 비키니 형태로 북섬과

이슬라데오메테페
✈ *Isla de Ometepe*

남섬으로 나뉘어 있다. 그런데 어찌 돌아보지? 평방 1,833.2 km² 나 되는 제주도도 쉽게 둘러본 건 렌터카의 은혜다. 우리처럼 게으른 여행자는 도보로 간파하겠다는 오기도 없고, 차를 렌트할 부자 행세를 꿈꿀 수도 없는 존재다. 나나 탕탕이나 오토바이는 폭주족만의 자산이라 여겼다. 그렇다면 남겨진 건 자전거뿐. 두 다리가 이끄는 페달에 리듬을 싣고 알타그라시아를 돌아 북섬 한 바퀴! 네 손을 불끈 쥐었다.

알타그라시아를 향해 간다고 하니, 현지인이 포장도로로 방향을 가리킨다. 호수를 끼고 콧노래 나오는 길이건만, 운전 실력이 영 솜씨를 발휘하지 못한다. 도로를 점령한 소 떼에 기겁하질 않나, 생전 처음 본 동네 주민이 어디 가느냐고 손사래를 치질 않나. 마을 형태가 초록빛 나무로 대치되어서야 고요한 오메테페 섬이 온몸으로 다가온다. 콘셉시온 화산이 왼편으로 살집 있는 모습을 드러나던 차, 자전거는 영락없는 활주로에 닿았다. 어? 육지와 섬을 비행기로 연결할 수 있어? 아직이란다. 휴식 중인 이 공항은 관광 산업의 촉매제로 부상할 예정이다. 활주로가 호수와 화산을 기막히게 연결하는 광경은 이색적이지만, 이곳 민낯도 곧 달라질 거란 쓸쓸한 느낌은 지울 길 없었다.

우리의 페달은 곧 푼타지저스마리아로 우회전한다. 모요갈파에서 가장 가까운 거리의 수영하기 알

Nicaragua

이슬라데오메테페
✈ *Isla de Ometepe*

맞은 장소다. 포장도로로 속력을 내던 페달은 축축한 플라타너스가 우거진 길에서 서서히 힘을 잃어간다. 비포장도로인가 싶더니, 이제 모랫길이다. 호수에 가까워졌다는 증명이다. 그 길의 끝은 다시 바다 같은 호수. 혀를 길게 내민 검은 모래사장으로 사람들이 도미노처럼 서 있다. 모래사장은 좌로, 우로 호수에 잘박잘박 젖는 길이다. 그 최전방에는 접근 금지 표기처럼 우글우글한 갈매기 군단이 부르르 떨며 버티고 있다. 사뿐사뿐 물살을 피하면서 그들에게 한 발, 두 발, 세 발, 촤르르륵! 눈치 빠른 갈매기가 꼬리를 물며 길게 창공으로 날아오른다. 하나 그들은 귀환 본능이 강했다. 이내 제자리다. 하늘에 포물선 모양을 그리던 갈매기들은 부메랑처럼 되돌아온다. "널 사진에 담고 싶다고!" 날개 없는 우리는 양발로 버텼다. 결국 급습하는 호숫물에 양 발이 온통 젖어버렸을 때, 그들은 끼룩했다.

"어이 사람 양반, 이곳 대장은 바로 나라고."

우리가 대장인 페달은 아직 먼 그대인 알타그라시아를 향해 달린다. 남섬의 어미인 1,394m 마데라스 화산의 코털이라도 보겠다는 심정이다. 때론 낮은 내리막길에 다리를 번쩍 벌려 망측한 소리를 지르고, 늘 주행을 지켜보는 듯한 콘셉시온 화산에 마음을 쓸어 내리는 신명 나는 길이다. 그런 마음도 몰라주고, 자전거 기어는 영 성치 않다. 급기야 오르막길을 따라 자전거를 모시던 순간, 두 번째 목적지인 차코베르데 표지판이 초록빛으로 유혹했다. 모요갈파로부터 11km 거리, 사진을 찍는 한눈을 팔기도 했으나 벌써 2시간이 훌쩍 넘었다.

차코베르데는 섬 내의 자연 보호 구역으로, 전망대와 해변, 숲길 등 자연에서 누리는 다목적을 함축한, 알토란 같은 하이킹 코스다. 원시적인 자연을 보존하면서도, 나무로 만든 안내판이 걷기를 유도한다. 간만에 땅을 즐기는 우리의 발도 탐험의 리듬을 탔다. 같은 호수지만, 좀 특별했다. 이곳 호수는 뭐랄까. 북섬에 있으면서 미지의 남섬을 몰래 훔쳐보는 그런 야릇함이 흐른다. 판야 나무가 뿌리내린 우림 속을 헤집고 들어간 정글의 전망대 끝에서야, 무성한 숲 사이 숨었던 호수가 고개를 든다. 스타카토 같은 감동주기가 이곳의 미션인가 보다. 심드렁해진 순간 적절히 놓여진 새, 원숭이 떼와 숨바꼭질이 이어진다. 어느덧 해는 낮아진다. 호수 앞은 반짝반짝 빛에 여문 쿠이스트레 섬 위로 그림자로 아른거리는 남섬의 마데라스 화산이 겹쳐진 풍경이다. 이건 또 뭐라고 해야 할까. 좋다? 아름답다? 멋지다? 그날의 자연과 시간이 조각한 풍경에, 모든 언어가 유실된 기분이다(우리의 대화도 거의 없었다). 용기 내지 못하던 몸을 호수에 맡겼다. 닥치고 입수! 앗 차가워! 입술이 새파래진 우릴 보고 세 살배기 아이도 웃는다. 복합적인 행복이 우릴 기분 좋게 괴롭히고 있었다.

   2시간 여 차코베르데에서의 삼림욕 이후 알타그라시아로 달릴까 했으나, 이곳으로부터 14km 거리다. 섬의 반은커녕 반의반도 못 돈 꼴이다. 오후 5시가 되면 어둠이 깔리는 섬에서 고아가 될 수는 없다. 포장도로에 조차 인공 불빛은 인색한 섬이다. 섬 내의 고아라니, 너무 처량하지 않은가. 갑자기 낮의 풍경에 가졌던 의문이 한시에 풀리는 느낌이다. 왜 그리도 여행자들이 오토바이 속력을 과하게 냈는지. 부럽지만, 괜찮다. 우리에게는 내일의 태양이 또 뜰 테니까.

오토바이가 부른 죽음의 맛

이슬라데오메테페(Isla de Ometepe) - II

"괜찮겠어?"

"으응… 괜찮아."

"아니 진짜 괜찮냐고."

"진짜 괜찮다니까!"

같은 단어의 다른 판본. 우리는 영어로 통하더라도, 어쩔 수 없이 모국어인 한국어와 불어 사이의 온도 차를 극복하려는 참이다. 다시 물어봐도 (영어로) 괜찮단다. 의심은 고개를 숙이지 않았다. 탕탕이 20여 대의 차를 갈아치우면서, 내가 태어나기도 전에 면허증을 딴(앗, 나이를 들켰다) 경력자라도 목숨을 두고 배팅하기에는 내 나이가 너무 젊다. 지독한 이기심이 흐르는 가운데, 우리는 오토바이로 남섬 일주를 계획하고 있다.

북섬 한 바퀴의 실패 후 '남섬 정복'에 매몰된 터다. 숙소가 있는 발구에서 출발하여 남섬을 빙 돌아 제자리로 오려면, 오토바이가 유일한 교통수단이다. 문제의 핵심은 여기다. 동행한 여행자 중 기사로 활약할 남자 모두 오토바이 운전엔 초보다. 시험 삼아 인근을 돌고 온 두 남정네의 얼굴을 좀 보라. 긴장을 넘어선 걱정이 눈가 주름에 가득했다.

어쨌거나 근심 어린 오토바이는 달리기 시작한다. 산라몬 마을과 폭포가 목적지다. 10분도 채 지나지 않아, 근심은 위협으로 탈바꿈한다. 도로가 쑥대밭이다. 난데없이 움푹 파인 웅덩이에 시동이 꺼지기 일쑤요, 요리조리 못난 돌길을 피하느라 사이드 미러에 비친 탕탕의 얼굴이 시멘트처럼 굳어져 있다. 일부러 묘기를 보여주는 듯 오토바이는 제멋대로 간다. 사진 스케치를 담당한 나의 사진도 초현실주의 작품이다. 급기야 탕탕은 아예 시동을 꺼버린다. 이쯤 되면 오토바이가 아니라 엄청나게 무거운 자전거다. 그리고 남자는 남자다. 프랑스 남자도 남자였다. 여자 앞에서 제대로 멋이 없어진 순간, 탕탕은 애먼 오토바이를 비난했다.

"이게 시동이 수시로 꺼지네? 바퀴의 회전감도 떨어지고."

이슬라데오메테페
+ Isla de Ometepe

"나 그냥 내리는 게 좋겠어."

이때까지만 해도 (사진상) 웃고 있었다.

내리막길의 지척에서 돌덩이를 보자, 나는 자진 하차를 했다. 출발 후 생명이 위협받지 않은 가장 행복한 시간이었다. 산라몬이다. 남섬의 안주인인 마데라스 화산이 아예 빛이 된 호수 앞에 모습을 드러낸다. 이곳은 금기의 마을로도 통한다. 대중을 위한 버스가 우리처럼 까칠한 도로에 목숨 걸 이유가 없는 연유다. 바람 따라 흔들리는 나무가 안내하는 길은 호수를 가장 가깝게 끼고 달리는 데다가, 농업을 주업으로 삼는 마을의 정겨움이 마른 꽃에조차 촉촉이 서려 있다. 점심 먹을 장소까지 물색해 놓았는데, 탕탕은 걱정이 몰려온 후에야 먼지 바람을 일으키며 마을에 입성했다. 아직 웃고 있었다.

이곳의 자랑거리는 단연 산라몬 폭포다. 주차장으로부터 폭포까지는 도보로 30여 분 걸린다. 아쉽게도 여기는 주차장이 아니라 매표소다. "이곳으로부터 일단 주차장까지 올라가. (오토바이를 보고는) 도보로 얼마나 걸리냐고? 1시간 이상 걸릴걸." 멀쩡한 오토바이를 두고 도보 소요시간을 묻는 심산이 궁금하겠지만, 속사정은 나만 안다. 탕탕에게 매달린다. "그냥 매표소 근방에 주차하고 걷는 게 좋겠어."란 회유는, 이내 "나 이러다 죽어요. 제발 설득 좀 해줘요."라고 영문 모를 매표소 직원에게로 가 있다.

탕탕은 이상한 똥고집을 부린다. 제법 평탄한 길에서 자신감을 회복한 탓인지, 기어이 오토바이로 진격하겠다는 뚝심을 세운다. 그 뚝심이 이끈 길, 참 억척스럽다. 익스트림 스포츠 대회에 적합한 길이다. 산사태로 만들어진 그곳에 길을 만들어 가야 하는 수준이다. 이놈의 돌, 바

위, 돌돌, 바위! 수동변속 차량을 모는 초보 운전자가 급경사를 만났을 때의 끔찍함도 이 정도는 아니었을 것이다. 급기야 급경사에서 돌을 피해 코너링하다가 속력을 내던 오토바이는 시동이 꺼지더니, 쭉 밀리면서 "(오토바이만은) 안돼!"라는 절규 아래, 나는 산길에 패대기쳐졌다. 흙더미를 털면서 보니, 그는 한쪽으로 기울어진 오토바이를 벌벌 떠는 다리로 요상하게 버티고 있다. 나의 두 손이 오토바이를 바치고 나서야, 그의 절규가 오직 오토바이만을 향한 게 아니라는 걸 알았다. 오른쪽 다리 안쪽이 엔진에 제대로 구워져 있다. 나는 다시 걷고, 그는 오토바이를 또 모셨다. 이로써 5번째 추락사고. 변명의 여지가 없는 긁힌 자국과 동강 난 브레이크 레버의 꽁다리가 불명예의 상처다.

그래도 삶은 계속된다. 애증의 오토바이를 주차장에 내동댕이치듯 버려두고, 40여 분 땀의 짠맛을 충분히 보면서 고공 행진한다. 목적지가 언제 나올지 투정할 법하지만, 돌아갈 시간을 잊는 황홀한 산행이다. 가려졌던 나무숲이 걷혀진 후에야 폭포의 순 매력도 드러난다. 50m로 고속 낙하하는 폭포는 빛과 경련을 일으킨 무지개가 피었다. 바위에 피어난 식물이 잔뜩 빛을 머금고, 폭포는 바위와 충돌하며 가는 물살을 뿌려댄다. 죽기 전 마지막으로 보기에는 그리 아쉽지 않은 풍경이다.

"네가 뒤에서 사시나무처럼 떠니까 내가 더 긴장되잖아."

'네가 뒤에 한번 타봐, 안 그러겠어?'라는 진심과 "알겠어. 진짜 (할배지만)너만 믿는다."란 하얀 거짓말. 오토바이는 다시 원점인 발구에로 향하고 있다. '죽기밖에 더 하겠어?'란 심정이다. 탕탕에게 껌딱지처럼 붙어 눈을 감아버린다. 기억하고 싶은 가족과 친구의 얼굴이 주마등처럼 스쳐 지나갔다. 다리가 부러지고, 머리가 깨지고, 얼굴이 갈리는 상상은 어둠의 코러스를 넣고 있다.

발구에에 도착했을 때, 부상 투혼의 잔재는 남아 있었다. 이웃집에서 얻어온 천연 알로에를 그의 데인 상처에 붙이면서, 우리 사이엔 어떤 죽을 고비를 또 한번 넘겼다는 끈적한 전우애가 쌓이고 있다. 12월 30일이다. 불신을 버리고 생을 찬미하는 새해가 다가오고 있다.

Nicaragua

IL DIT

LA PUISSANCE
DE
LA CHUTE

SHE SAID

THE PEACE
OF
THE FALLS

리오산후안
✈ Río San Juan

초보 정글 여행의 개막전

리오산후안(Río San Juan)

　오직 택시의 전조등에 의지해 칠흑 같은 어둠 속을 뚫고 있다. 우리와 벨기에 커플은 다음 행선지로 야반도주하는 중이다. 이만 오메테페 섬과 작별하고 니카라과의 꼬리뼈를 향해 깊이 항해할 예정이다. '또 다른 미지의 세계가 눈앞에 있어!'라는 기대는 항구에서 처참히 무너졌다. 무시무시한 풍경이다. 모든 것을 에일리언으로 만드는 녹색 조명 아래 강제로 원양어선에 끌려가는 기시감이 그곳에 있다. 탕탕은 장군처럼 척척 앞서더니, 화물선에서 터를 잡은 게 고작 2층의 갑판이다. 벨기에 친구는 영문 모를 비치 의자를 질질 끌고 온다. 정말 몰라봐서 죄송했다. 비치 의자는 이미 꽉 찬 내실에서 쫓겨난 우리의 잠자리였다.
　지붕 없는 갑판에서 잠이 올 턱이 없다. 초콜릿 복근의 근육질 남자와 '에브리띵 스고나비올라잇' 음악은 어디 가고, 눈앞에 보이는 것은 성처럼 잔뜩 쌓인 플라타

노(파란 바나나)와 까만 밤뿐이다. 여러 인부는 바나나 나무 곁에서 눈을 붙일 모양이다. 강바람이 몰고 온 한기에 잠이 깰 때마다 인부들은 바나나의 굽은 등과 똑같이 단잠에 빠져 있다. 인간의 적응력이란 얼마나 거룩한가. 7시간 반을 반수면 상태로 목적지에 도착한다. 산카를로스다.

산카를로스는 코스타리카 국경인 로스칠레스와 산 후안 강으로 연결하는 여러 마을의 베이스 캠프다. 이 좁고 기다란 강의 유일한 육지로서, 남처럼 뚝뚝 떨어져 있는 행선지의 구심점 역할을 했다. 마을 앞의 지금은 변변치 않아 보이는 산 후안 강도, 사실 항구로서 꽤 이름 날린 적이 있다. 지리적, 자연적 여건상 풍부한 금과 가죽, 나무 등을 유럽과 쿠바 등에 수출한 덕에, 대서양과 태평양을 연결하는 기고 만장한 안주인 역할을 했다. 그런데 1903년 파나마 운하가 그 선수권을 낚아채면서 항구의 구실이 유명무실해졌다. 부촌은 빈촌으로, 순식간에 깡통 소리가 났다. 재기의 기적은 서서히 일어났다. 바로 자연 덕이다. 부를 찾아 현지인이 뿔뿔이 흩어진 사이, 선천적인 열대 우림이 스스로 무성한 힘을 기른 것이다.

리오산후안
✈ Rio San Juan

우리가 이곳에 매료된 포인트도 거기 있다. "본격 스펙터클 정글 여행을 시작하는 거야!" 피가 거꾸로 솟았다. 벼락치기형 여행자인 우리는 많이 이른 모닝 커피와 함께 너무 늦어버린 계획을 세우기 시작한다. 인디오마이즈, 로스구아투조스 등 유네스코에 지정된 5가지 보호구역이 있다는 밑밥을 사려 깊게 저울질했다. 여기서 길은 곧 강이다. 어떤 배에 탑승해서 어디로 갈지 결정하는 것은 우리들 떠돌이의 몫이다.

피곤이 발악으로 전이된 우리는 바로 솔란티나메로 강행군하기로 한다. 솔란티나메는 니카라과 호수에 속하는 36개의 섬이 군집한 지대를 이른다. 이 중 그나마 여행자를 위한 숙소가 있는 마카론 혹은 산페르난도로 추려진다. 전자는 오직 하나의 상점이 마을을 독점하고 있고, 산페르난도는 그마저 없어 아예 숙소가 삼시 세끼를 포함한 형태로 여행자를 맞이한다. 섬과 섬 사이는 산 카를로스와 섬을 연결하는 공식 배편 외에는 팔 근육을 잔뜩 뽐내야 하는 카누 혹은 개인적으로 고용하는 배편에 의지할 수밖에 없다.

좌우 균형 따위는 잊은 솔란티나메행 보트 안, 우리는 그 지독한 고독 속으로 들어가고 있다.

모기와의 맹렬한 사투

로스구아투소스(Los Guatuzos)

솔란티나메로 가기 전, 산카를로스의 시장에서 잔뜩 장을 봤다. 섬을 향한 비장한 각오가 살아야한다는 의지로 전이된 까닭이다. 우리는 간신히 솔란티나메 중 마카론에 당도했다. 이곳을 택한 이유는 오직 하나, 로스구아투소스에 있다. 로스구아투소스는 코스타리카와 국경을 맞댄, 437㎢에 달하는 열대 다우림 지대다. 산카를로스에서도 닿을 수 있지만, 교통편이 일주일에 단 3번뿐인데다 이 지대와 가장 가까운 마을에서의 배편이 용이할 거라는 이성적인 계산이다. 이성은 일부 맞고 일부는 틀렸다. 80달러인 개인 배를 대절하는 것 외에는 다른 방법이 없다.

졸지에 다른 여행자에게 동행 의사 여부를 묻는 (불법) 개인 여행사 직원으로 활약하는 수밖에.

"다음날 새벽 6시!" 5명의 여행자와 당찬 출발을 약속했다.

구름이 힘을 준 하늘 아래, 침착한 강을 가르며 서둘러 로스구아투소스를 향한다. 멀리서 초록빛 덩어리라 표현해도 좋을 숲이 보트 양 옆으로 호위하는 시점, 기사는 급히 속력을 줄이는 눈치다. 밍밍한 수채화 같던 시야는 사실주의적 풍경화로 돌변한다. 키 높은 참나무 숲은 완연히 개방된 동물원이다. 팔뚝 만한 이구아나가 새끼를 품은 몸이 무거운 듯 나뭇가지에 빨래처럼 걸려 있질 않나, 잔뜩 긴장한 새끼 악어가 얄궂게 풀잎 뒤로 몸을 숨기질 않나. 건방진 자연이다. 나무 꼭대기와 가지 사이로는 도를 닦는 듯한 새의 느린 움직임이 탄성의 샴페인을 터트리기 충분하다.

아직 시작의 반도 아니다. 이곳의 심장으로 들어가려면, 승객 명단을 체크하는 초소를 지나 보트가 정박한 곳에서 자격증 있는 가이드를 고용해야 한다. 우리의 선택은 숙소와 레스토랑을 겸비한 두 군데 중 카바냐스카이만이다. 건장한 체격의 생태 가이드 알만도 고메스 앞에 서니, 우리는 일시에 과거 진행형이 된다. 엄마 꽁무니만 졸졸 따라다니는 심장 졸이는 어린 아이다. 그가 바로 우리의 길이다.

가이드와 보조 가이드와 함께 새로 갈아탄 보트는 정글로 본격적인 진격을 한다. 호락호락하지 않다. 보조 가이드는 나무 막대로는 도통 움직이지 않는 보트를 직접 밀고 끌기를 반복한다. 몸을 낮춰 낮게 자란 나뭇가지를 피신하면, 물 아래 높은 가지에 보트가 턱 걸린다. 인간이 쉬이 접근하기엔 다른 차원의 세계라는 예감이 온다. 맑던 하늘조차 이 진흙탕 강에서는 검은 하늘이다.

트레킹이 시작된다. 이름 모를 새의 뒷다리를 힘껏 베어 문 악어를 보자니, 정말이지 그만 돌아가도 좋겠다는 생각이 든다. 온몸의 수분이 빠져나가는 긴장도 그때부터. 우리 마음을 알 리 없는 알만도는 전사처럼 앞선다. 아, 넘사벽의 진정한 주인공은 따로 있었구나. 알만도가 지나간 자리에는 모기 떼가 군침을 흘리고 있다. 다리 힘을 모조리 빨아들이는 진흙은 그렇다 쳐도, 굶주린 모기 떼의 대습격이다.

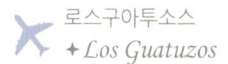
로스구아투소스
✈ Los Guatuzos

그의 아내가 긴 팔 셔츠와 장화를 내밀며 '제발'을 눈에 그린 이유도 여기 있었다. 미국, 영국, 벨기에, 한국, 그리고 프랑스. 색다른 피 맛 뷔페를 즐기는 듯했다.

사방팔방 팔을 휘젓고 온몸을 털어대는 일렉트로닉 댄서가 된 초보 정글 원정대. 눈두덩이 땀에 시야마저 흐려진 우리의 탐험은 대략 이렇게 요약된다. 나무 넝쿨이 만든 자연 그네를 타며 "아아아~" 타잔이 되고(모기는 입으로, 코로 침투한다), 하늘과 더 가까운 참나무 꼭대기를 보느라 뒷목이 당기고(모기는 민감한 귀 언저리를 집중 공략한다), 여기 생존하는 4백여 종의 새 중 하나라도 더 간파하겠다(모기가 손가락 사이를 쏜다)는 의지로 불붙었다. 배가 제대로 난도질된 살쾡이의 사체를 건너, 2.5cm 청바지 개구리를 지나 온몸을 쫙쫙 찢는 거미 원숭이 가족의 요가 실력을 보았을 때쯤, 우리는 몹쓸 승리감에 도취되어 있다.

얼키설키한 우림을 따라 걸음의 완급을 조절하다 보니, 끝없는 들판이 이어진다. 빛을 만나니, 순식간에 긴장 풀린 다리도 제멋대로 휘청거린다. 배낭은 땀을 모조리 흡수해 습기에 축 처진 상추 꼴이다. 우리가 정글에 끌리는 이유는 대체 무엇일까. 남들이 잘 안 가는 곳을 간다는 쾌감? 억겁의 생명이 약동하는 자연의 신비함? 극기했다는 성취감? 저마다 이유는 다르더라도 가이드 친구가 잡아 줬다는 생선 요리로 늦은 점심을 할 때, 우리는 모두 이유 없이 낄낄대는 어린 아이가 되어 있었다.

간밤에 내게 인사 온 밤비, 꿈인가 생시인가

마켄구에레서브(Makengue Reserve)

오전 7시 반, 여느 때 같으면 침대 속이었을 우리는 산카를로스 터미널에서 눈을 비비고 있다. 보카데사발로스로 건너갈 계획이다. 그런데 이게 왠일인가. 파리도 하품하는 이 한량 도시에서 첫 보트의 티켓이 다 팔렸단다. 울화통이 터진다. 다음 배편이 그로부터 4시간 후에나 있다. 순식간에 목적지를 잃은 우리는 제자리 걸음인 손목시계나 고치기로 한다. 만물 수리점에 가니, 주인이 무슨 문제냐고 영문 모를 랩을 해댄다. 졸지에 마임이스트 수준으로 설명하는데,

"What's your problem?"

베키라 했다. 우린 순식간에 말을 섞었다. 그녀는 본인의 사유지가 있으며, 우리가 가려고 하는 보카데사발로스에서 그리 멀지 않다고 한다. 사진을 찍는 탕탕과 글을 쓰는 나, 뿌리다가 교통비를 벌려고(!) 여행 기사를 만든다고 하니 흥미로운

시선이다. 헤어지는 길, 그녀는 우리에게 쪽지 하나를 건넸다. 전화번호가 적혀 있다.

하하. 농담하는 거야? 우리 같은 상거지 장기 여행자가 휴대폰이 있을 리 만무하고, 이 지역 자체가 통신과는 거리가 먼 열대 우림 지대다.

사람을 물건처럼 쌓은 위기의 보트는 보카데사발로스에 도착했다. 단순하게도 선착장 옆 노상에서 구워지는 고기 냄새에 끌려 하룻밤 묵기로 결정한다. 비관광지인 이곳은 촌 동네의 아름다움이 있다. 무엇보다 새의 종합선물세트. 코스타리카에서는 코빼기도 보지 못한 투칸(코스타리카의 국조)도 이곳에서 조망했다. 강으로 두 토막 난 이 마을은 1NIO(코르도바, 40원)만 내면 뱃사공이 둘 사이를 중매하며 노를 젓는다. 숙소로 돌아와 짐을 풀고 해먹에 몸을 뉘이고자 방문을 연 순간.

"어머! 베키!"

그녀가 농담처럼 문 앞에 있다. 그 길로 우리는 야밤에 그녀에게 자진 보쌈당하여 보트에 올랐다. 그녀의 남편인 리토도 함께다. 불빛 하나 없는 그곳에서 누군가가 옆에 있다는 걸 아는 유일한 방법은 목소리와 별빛

마켄구에레서브
+ Makengue Reserve

에 의지하는 것뿐이다. 5분여 달리자, 리토는 손전등을 켜고 보트의 속도를 줄이며 휘파람을 부르기 시작한다. 휘이 휘이~ 순식간에 강이 깜빡이는 빨간 불빛으로 수놓인다. 악어 눈이다. 손전등 빛에 반응한 악어의 눈동자. 우리 발 밑에 악어를 깔고 달리던 보트는 낮은 조명 아래 있는 오두막집에 닿았다. 리토는 카메라 감독으로 일하던 시점부터 늘 동물과 가까이하는 자기만의 디즈니랜드를 만드는 게 꿈이었단다. 이름하여 '마켄구에레서브'. 그들의 꿈에, 우리가 도착한 것이다.

마켄구에레서브는 산 후안 강에서부터 포코솔리토 강을 따라 있는, 2만3천 평이 넘는 열대 우림을 이른다. 지난 2006년부터 때로는 렌탈 하우스로, 가끔은 대학교의 자연 학습 및 조사 장소로 이용되고 있다. 그들의 정글 관리법은 단 한 가지, '내버려두기'다. 무차별적인 벌목과 사냥을 막은 채 자연이 스스로 자생하도록 하는 게 그들의 지론이다. 현재 리토는 은퇴했고, 베키는 왕따와 편견을 막는 비영리 프로젝트인 〈Not In Our Town〉의 감독으로 활동 중이다.

투박하지만 사려 깊은 부엌에서 늦은 저녁을 때운다. 리토는 불안하게 자꾸만 시계를 본다. 올 때가 되었다고 중얼거린다. 이 눈까지 멀어버릴 밤에 누가 온다는 걸까. 드디어 주인공이 나타났다. 밤비다. 리토가 몸을 낮추자, 밤비는 늘씬한 목

을 세우며 볼을 핥는다. 가슴이 터질 것만 같다. 눈을 질끈 감았다 떠봐도 진짜 밤비다. 우리도 가까이 다가가니, 이 녀석 볼부터 팔까지 혀를 날름거린다. 오늘밤 절대 씻지 않겠다는 이상한 결심을 하고 있었다.

"이 아이가 말이지. 사냥꾼에게 어미를 잃었어. 먹이를 건넨 게 인연의 시작이었지. 이후 비슷한 시각에 계속 찾아와. 가끔 상처 입은 곳도 치료했지. 그때부터 우리는 부모가 된 셈이지."

다음날 새벽녘, 부츠 하나를 고른다. 단단한 나무 지팡이도 집어 들었다. 새 구경을 하자는 베키의 간청에 따라나선 졸음의 발길, 안개 핀 강과 밀림의 풍경

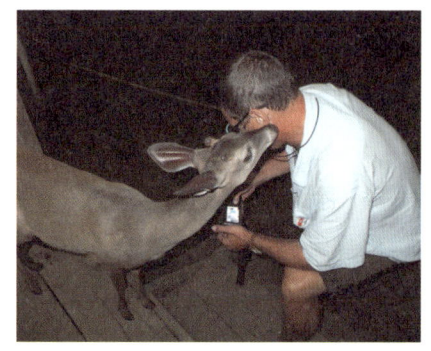

이 우리를 깨운다. 서정적인 풍경에 비해 우리의 행동은 서스펜스 그 자체다. 늪에 빠지지 않을지 지팡이로 미리 가늠하고, 쓰러지고 버티는 바나나와 시나몬, 사탕수수 등 갖가지 나무와 가지들을 피하느라 유연성 제로의 허리를 꺾어댔다. 누군가 "저기!"하면 자동 반사로 망원경을 들어 새를 관찰한다. 어느새 졸졸 뒤를 따르는 밤비를 쓰다듬는 것도 제법 익숙해진다. 고백한다. 사실 난 그의 사랑을 독차지

하고 싶어 서바이벌 식량인 초콜릿 바를 그에게 몰래 주곤 했다.

숙소에 돌아오자마자, 베키는 새 백과사전에 오늘 발견한 4마리의 새를 찾아 날짜와 시각을 기록한다. 그녀만의 새(bird) 역사다. 그 사이 리토는 부상당한 악어를 돌보고 있다. 상태를 체크한 뒤 다시 물가로 내보내면서 그들이 지어준 이름 "마리아나!"를 부른다. 그녀가 휙 돌아본다. 마치 애완동물처럼, "아빠 왜 불러?" 하듯이. 자연의 어미이자 의사가 된 그들의 노고에 자연은 확실히 보답하는 느낌이다.

갠 하늘은 열대 우림답게 순식간에 비를 퍼부었다. 다시 그들의 보트를 타고 보카데사발로스, 제자리로 돌아왔다. 우리는 잠시 멍하니 산 후안 강을 바라본다. 간 밤에 무슨 일이 벌어진 거야? 믿기지 않은 현재에 감복해 있다. 동시에 자꾸만 귀를 간질였던 베키의 한 문장이 눈을 맵게 했다.

"진정한 변화란 어떤 '시스템'이 아니라, '각자의 태도'를 바꾸는 거야."
그래, 우리 한번 걸어보자. 세상에 투정하기보다 우리 자신부터 시작하는 변화를. 오늘 하루도 배웠다. 여행은 다시 인생 공부로 접어들고 있다.

NICARAGUA

SAN CARLOS

LA FORTUNA
SANTA ELENA

PACIFIC OCEAN

COSTA RICA

면적 51,100km²
방문 포인트 3spots
체류일 8days
평균 지출(일/인당) $32

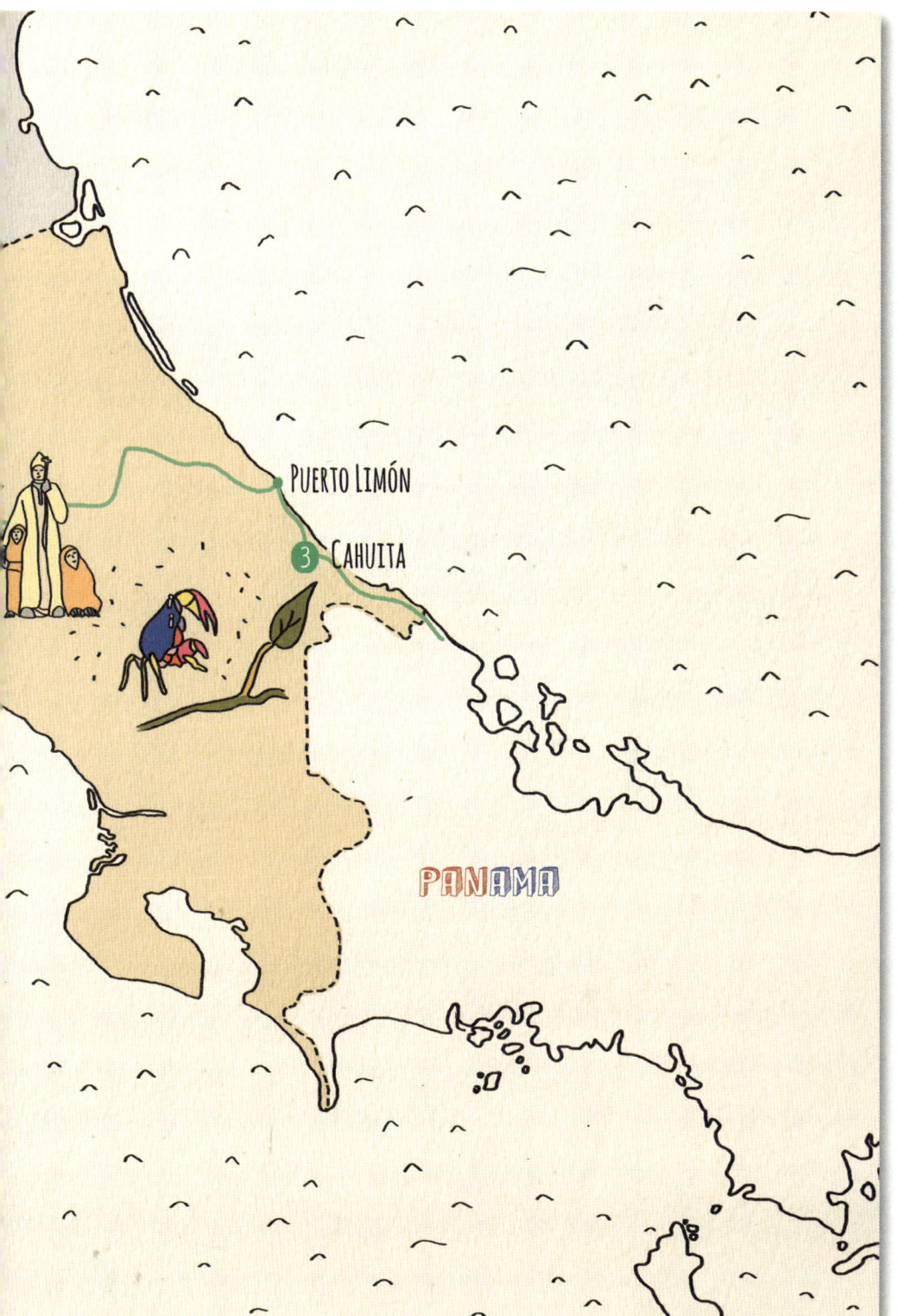

코스타리카
COSTA RICA
9

로스칠레스 _ 산타엘레나 _ 카우이타

로스칠레스 - 산타엘레나
✈ Los Chiles - Santa Elena

어마어마하게 비싼 나라에 도착했다

로스칠레스(Los Chiles) - 산타엘레나(Santa Elena)

니카라과 국기는 산후안 강에서 코스타리카로 바뀌고 있다. 두 발이 선 곳은 코스타리카 로스칠레스다. 다른 땅을 밟았다는 환영은 외간 주차장에서 이루어진다. 중미에서 뭘 믿겠느냐마는, 좀 믿기 어려운 광경이다. 니카라과인인지, 코스타리카인인지 짐을 풀어 수술하는 수준으로 쑤셔댄다. 민망한 속옷이 정육점에나 있을 법한 철재 탁자 위로 툭 튀어나왔다. 우리 짐도 그렇게 검사할 거야? 아니다. "소고기 있어?" "치즈는?" 없다고 하니, 바로 패스다.

코스타리카는 입국 시 출국 티켓을 강력히 요구하는 나라다. 한 독일인은 다른 나라는 몰라도 코스타리카 입국 시에는 모험하지 말라고 경고했다. 출국 티켓 없는 여행자가 입국 금지 딱지가 붙는 걸 두 눈으로 목격했단다. 언제, 어디로 돌아갈지 모르는 우리에게 출국 티켓이 있을 리 만무하다. 그래서 조작, 했다. 벨리즈

국경 사건 이후 불법과 한결 친해진 나다. 출장 시 받아둔 인보이스는 한 달 뒤 한국으로 귀국하는 버전으로 정교하게 업데이트됐다. 허술한 보안 검사 후 판잣집 같은 출입국 관리소 앞. 어이없게도 그들은 출국 티켓 자체를 요구하지 않는다.

우리 인생은 복불복! 금쪽같은 작업 시간도, 입국 금지의 불안도 멋없이 사라지고 있었다.

환승의 단맛을 맛보며 산카를로스를 거쳐 라포투나에 이르니 호객꾼이 붙는다.
"투어 할 거야? 숙소 구해? 숙소? 인당 1박에 10달러! 싸지?

너무 비싸다. 니카라과에 머물던 머릿속 계산기가 오작동한 기분이다. 여길 니카라과라 우겨도 크게 다를 것 없는 풍경이었다. 사실 하룻밤만이니 넘길 법하지만, 이런 달콤한 허락은 장기여행에 대단히 치명적이다. 출혈에 익숙한 습관은 여행의 수명을 깎아 먹는 좀 벌레라고 강하게 적어본다. 그러나 우리는, 이곳의 GDP를 보고야 말았다. 코스타리카는 중미에서 파나마에 이어 높은 소득을 창출하는 콧대 높은 나라다. 우리에겐 빨리 빠져나가는 게 이득인 곳이기도 했다.

로스칠레스 - 산타엘레나
✈ Los Chiles - Santa Elena

본격적인 첫 행선지는 몬테베르데 국립공원이다. 이 야생동물과 운무림의 최고 지존으로 접근하는 잽싼 교통수단을 구해야 한다. jeep-boat-jeep 투어는 그야말로 산 넘고 강 넘어 몬테베르데의 변두리인 산타엘레나로 닿게 할 것이다. 구름 속으로 뛰어들어 구름을 뚫고 달리는 길이다. 그러나,

"18달러! 싸지? 이 동네에서 제일 싸."

단 한 번의 교통편이 니카라과 1일 체류비를 추격하는 금액. 너무 비싸다. 우리의 가계부는 폭격당하고 있었다.

산타엘레나에 도착하니, 여행이 곧 투어다. 뭘 하고자 하는 자발적인 의지가 제한되어 있다. 마음이 울적해? 나비 정원 투어. 서스펜스 밀림을 맛보고 싶어? 나이트 투어. 모든 치료법이자 깔때기가 투어다. 숫자를 잘못 읽었나? 모든 가격은 수전증을 불러일으키고 있다. 우리가 노렸던 몬테베르데의 캐노피 투어는 45달러로 담합 중이다. 중남미에서 가장 긴 1,590m 짚라인을 슈퍼맨처럼 날고, 148ft(약 45m) 위에서 타잔이 될 수 있다. 팸플릿의 웃는 얼굴에 우릴 대입해 봤다. 더불어 숙소에선 5달러 할인가를 제안했다. 돈이 휴지 조각 같아지고, 지폐는 그에게 넘겨졌다. 숙소 아들은 가격은 비밀이라고 신신당부 중이다. 밥 먹고 돌아서니, 또 비밀이라고 한다(여기에 숙소 이름만 쓰면 우리의 비밀도 끝이다). 그날 장을 본 슈퍼마켓의 영수증은 이 덧없는 세상에서 비싼 인생을 치르는 우리를 비난하고 있었다.

캐노피의 굉음은 여기저기 정글 숲을 뒤흔들었다. 떨어지면 꽤나 아플 초원을 가르는 슈퍼맨이 되고 나니, 이만해도 충분하다 싶다. 본전 생각은 아득해도 덕으로 참을 수 있다. 45m에서 뚝 떨어질 타잔 코스는 선택 상황이었다. 구경 차 시발점인 다리의 끄트머리까지 흔들흔들 걸었다. 밑에서는 승천시킬 기세로 불길한 바람이 치고 올라온다. 슈퍼맨일 당시 스쳐 지나갔던 공포의 초원이 그 끝에 박혀있다. '몸의 부속 중 뭐 하나는 단단히 부러지겠군.' 뒷걸음질친다. 그 사이 안전요원의 장치가 나의 가슴팍에 탈칵 채워졌다.

"아니지? 나 심장 마비… (걸릴 거야)."

"응. 그런데 오늘 말고 내일!"

"우우워어어어~."

"으아악!" 소리 한번 내지르지 못하고 실어증 환자가 된 역대 타잔이 바로 나다. 공중에서 텀블링을 2번 하고 나서야 "이 거짓말쟁이야!"라고 하늘에 절규했다.

날 공중에 내던져 버리다니. 뭔가 쉽지 않을 것 같다, 이 나라.

자연의 화려한 쇼는 막 시작되었다

카우이타(Cahuita)

　트레킹을 하다 보면 자연은 종종 우리를 배신한다. 아니, 인내심 없는 우리는 자연에게 배신당했다고 믿었다. 특히 동식물의 천국이라는 단서가 붙을 때, 우리의 원망은 하늘을 찔렀다. 그곳에 닿은 시간과 경우의 수를 송두리째 무시한다. 운의 탓도 저 하늘로 보냈다. 때로는 불경하게도 자연을 욕했다. 우리가 여기까지 어떻게 왔는데! 게다가 여기는 코스타리카가 아닌가. 나라명만 해도 그렇다. 라틴계 노래 가사에도 심심하면 나오는 '리카'는 '풍요로운'을, '코스타'는 '해안'을 뜻한다. 말하자면, '풍요로운 해안'을 말하는 것인데, 우리가 본 건 오직 풍요로운 산 뿐…, 국조인 투칸은 코빼기도 보지 못했다. 실망과 기대가 버무려진 가슴 속으로, 코스타리카에서의 마지막 행선지인 카우이타가 다가오고 있다.

코스타리카는 국토의 약 25%를 엄격한 보호 관할 하에 둔다. 국립 공원도 26여 개나 된다. 다른 나라의 모범 사례로 코스타리카가 자주 거론되는 이유는 자연이라는 재산이 자생할 수 있도록 조력한 끈질긴 연구 덕이다. 카우이타에도 도시 이름을 딴 카우이타 국립공원이 있다. 약 $11km^2$의 대지와 $224km^2$의 바다로 묶인 이곳에는 고독이 없다. 마을로부터 바이러스처럼 퍼져 있다. 마을 역시 전 세계에서 몰리는 머릿수에 비해 자연을 닮았다. 미관상 싹 갈아엎기보다 '보존'에 면밀한 관심을 쏟은 분위기다. 모던하기보다 빈티지하고, 신식보다 구식에 가깝다. 할머니 집에 놀러 온 듯한 평온이 채색한 나무 간판에 대롱대롱 걸려 있다.

말끔하게 닦인 마을의 포장도로가 끝을 알린다. 코끝이 벌렁거렸다. 바다 비린내. 발가락 사이로 모래바람이 파고들고, 눈은 카리브해와 백사장이 입맞춤하는 플라야블랑카의 풍경에 동요했다. 세상에서 가장 은혜

카우이타
✈ Cahuita

로운 매표소는 여기가 아닐까. 늘 카리브해의 추이를 바라보는 바로 맞은편으로, 깃을 빳빳이 세운 피케 티셔츠의 여인네가 방문자를 맞이한다. 우리를 늘 가난하게 하던 코스타리카에서 어찌 된 영문인지 입장료는 기부제다. 장기 여행자의 지갑은 더디게 열렸다. '넌 오늘 내게 얼마나 보여줄 거니' 자연과 밀당을 하는 중이다. 어리석지만, 우리의 주머니는 웃고 있었다.

입구를 관통하자 대지에 뿌리를 뻗고 솟구친 나무 숲이 이어진다. 생을 마감한 나무와 생의 절정을 맞이한 나무의 변주 속에서 때론 카리브해의 파도가 덮쳤을 모래밭을 헤쳐간다. 고작 100m 앞 그룹의 사람을 미니어처로 만드는 빽빽한 키다리 나무 군단이다. 앞선 이가 무언의 공짜 가이드가 되어준다. 발길을 멈춘 그곳에 무언가가 있다! 우리의 가이드는 네 살배기 금발 꼬마다. 고개를 열정적으로 젖히다 못해 뒤로 자빠지는 해프닝이 있긴 했지만, 그의 눈은 소머즈급이었다.

어림짐작해도 4m 위, 갈색목세발가락나무늘보가 포착된다. 매일 깨어있는 시간보다 잠자는 시간이 많은 이 녀석이 귀하신 몸을 움직인다. 관찰하는데 진땀 좀 뺐다. 흡사 나뭇가지의 솜뭉치는 다리를 뻗어야만 존재감이 드러난다. 나무와 일심동체의 기름진 이구아나를 지나자 원숭이 가족의 곡예도

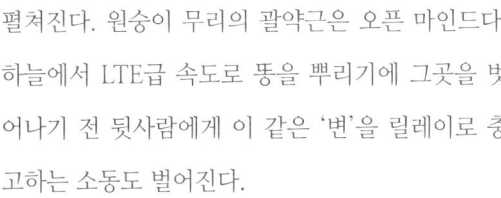

펼쳐진다. 원숭이 무리의 팔약근은 오픈 마인드다. 하늘에서 LTE급 속도로 똥을 뿌리기에 그곳을 벗어나기 전 뒷사람에게 이 같은 '변'을 릴레이로 충고하는 소동도 벌어진다.

곧이어 수아레즈 강이 스미면서 무릎까지 차오르는 민물과 짠물을 건너는 모험이다. 맹그로브 숲을 지나면 본격적으로 축축한 밀림의 트레일이 시작된다. 공원의 안쪽은 '내버려두기' 정신에 좀 더 기대어, 스스로 크고 스스로 치유하는 자연에 모든 걸 맡긴 행색이다. 가느다란 트레일을 따라, 나무다리를 따라, 나무 디딤돌을 따라 때로는 늪이 되기도 하는 그곳에 겨우 인간이 관통할 길을 내어주면서 요염한 자연을 만난다. 바다와 멀어졌다가 가까워지는 밀당의 트레일이 계속된다. 섹시한 붉은 빛의 신 사탕수수(sour cane)와 핫핑크의 열매들은 그 방점을 찍는다.

벌써 공원의 터닝포인트가 되는 푼타카우이타다. 이곳에서는 적수와 대면한다. 흰머리카푸친이다. 이 맹랑한 녀석은 사람과 눈 맞추기 겨루기를 했다. 반려견이라면 신뢰라도 쌓이겠건만, 개의치 않는 눈치다. 카메라를 코 앞에 들이대도 가소롭단다. 꼬리로 두툼한 나무를 감아 안전장치를 한 상태에서 나무늘보인 양 축 늘어져 고양이 팔자가 된다. 온몸을 스트레칭하는 것도 잠시, 뜀박질하는 폼은 거의 이 정글

카우이타
Cahuita

의 대장이다. 코코넛 열매를 나무에 패대기쳐 그 주스를 쫄쫄 빨아먹는 등 그에게는 생존, 우리에게는 흥미진진한 쇼도 동시 상영 중이다. 다만 그에게는 좋게 말하면 탐구심, 나쁘게 말하면 도벽이 있었다. 잠시 해변으로 간 인간의 가방을 이리저리 프로 도둑보다 능숙하게 열고 닫는다. 오지랖 넓은 나는 앞다리를 구르며 "야!" 하고 겁을 주었다. 그러나 그의 눈맞춤에 뒷걸음질친 건 오히려 나다. 그래, 내가 졌다. 이놈아!

트레일은 바다에 바싹 붙으며 이어진다. 바닷물에 곰삭은 산호가 트레일에 진군해 있다. 그 위를 달그락달그락 걷는다. 은둔자 게의 세상이다. 소라 껍데기 안에 매복했다가 총천연색 다리를 쑥 뻗어 이동하는 소라게다. 야자나무는 엿가락처럼 휘어져 밀물과 바람을 견디어냈다. 나약한 야자나무는 뿌리째 뽑혀 거대한 몸을 대지에 눕히고 있다. 어떤 연유인지 나무줄기의 덩어리가 바다 한가운데 툭 앉아 있다. 방향각에 따라 강아지 같기도, 해석 불가한 설치미술이기도 하다. 그제야 시계를 보니, 얼추 5시간은 지났다.

5시간이라… 피를 보고 나서야 우는 아이처럼, 다리가 스스로 절뚝거린다. 이를 갸륵하게 본 픽업트럭이 곁에 선다. "어디가?" "살리다(출구)" "타!" 3문장과 함께 다리는 그의 짐칸에 쭉 뻗는다. 우리의 발은 바다와 늪, 나무, 산호의 마찰력을 견디며 수고 많았다. 속력 붙은 바람이 송골송골 맺힌 우리의 땀을 거둬간다. 하늘을 향해 눈을 감으니, 굵은 나뭇잎 사이로 샌 빛이 얼굴에 빗금을 친다. 우리가 왜 코스타리카에 왔는지 알겠다는 흐뭇한 미소로 발효된다. 늘 우리를 들뜨게 할 오늘의 풍경. 이 기억이 닳지 않았으면 좋겠다.

저기요, 자연의 진수성찬 잘 먹고 갑니다!

카우이타
✈ *Cahuita*

IL DIT

C'EST MA VIE

Costarica

SHE SAID

WHAT ABOUT YOU?
YOU FOCUS ON YOUR LIFE?

면적 75,420km²
방문 포인트 3spots.
체류일 11days
평균 지출(일/인당) $32

TO BOLIVIA

PANAMA CITY

PACIFIC OCEAN

COLOMBIA

이슬라바스티멘토스 _ 파나마시티

늘어진 고무줄처럼, 그런 인생

이슬라바스티멘토스(Isla Bastimentos)

때로 여행이 일과 비슷하다는 생각을 한다. 프리랜서일 때는 회사 생활이 속 편하다 싶고, 회사원이 되면 프리랜서의 자유를 갈급한다. 여행도 마찬가지다. 도시에 진입했을 땐 그 모든 편의 시설이 속물 같고, 자연을 벗 삼게 될 때면 도시의 에너지를 그리워한다. 지금 우리는 도시보다 자연에 큰 한 수를 두고 싶다. 파나마에서의 마지막 행선지인 파나마시티를 떠올렸다. 정치, 금융, 산업의 국제적이고도 숨가쁜 허브. 그곳으로 닿기 전, 나른한 바닷가에서 매초가 하루 같고 하루가 한 달 같은 그런 무료함 쪽으로 온몸에 자기력이 생겼다.

코스타리카의 국경을 넘은 파나마의 첫인상은 온두라스 악몽의 재생이다. 심지어 악취로 코를 마비시켰다. '알미란테'라는 도시에서 이슬라 콜론으로 빠져나가는 길, 만세를 불렀다. 보트는 밍기적 거북이 걸음으로 육지와의 인사를 더디게 하더니, 이내 서스펜스 영화를 연상시키는 질주를 시작한다. 다시 만세다. 엄마야!

우리의 무료함을 투척할 곳은 이슬라바스티멘토스다. 파나마의 서쪽 끝, 카리브해에 안착한 보카스델토로는 코스타리카와 살을 맞댄 섬의 왕국이다. 이 왕국에는 이슬라카레네로, 이슬라바스티멘토스, 이슬라콜론 등 여러 섬을 거느리며 보트가 바다 위 길을 중매한다. 육지에서 처음 도착한 이슬라콜론은 도시 뺨치게 번화하다. 중국인 독점의 슈퍼마켓이 심심하면 서 있고, 일명 '번화가'라 할 만한 모든 기시감이 모여 있다. 흥청망청, 음주가무가 대단히 성행 중이다. 멍 때리고 있어도, 우리가 바라는 잉여의 삶과는 엇박자였다.

다시 이슬라바스티멘토스를 향한 보트는 하늘에 목적지가 있는 듯했다. 보트의 반 토막은 공포의 공중 부양상태다. 몸이 단단히 젖을수록 풍경은 책과 인연이 퍽 깊었다. 수상 가옥 앞 테라스에서 웃통을 벗고 독서(어쩌면 단백질 관련 정보책을 읽고 있었을 것이다) 허세를 떠는 사내를, 해먹 위에서 책을 수면안대 삼아 낮잠 자는 한량을 스친다. 우리는 미리 수상 가옥의 방을 예약한 터다. 습기가 만점 짜리(!)이나 저녁 노을을 집안까지 받아들이는 태양의 호스텔이다.

이슬라바스티멘토스
+ Isla Bastimentos

이름은 호기로운 주인 이름 따라 자규아(El jaguar, 표범)다. 미리 이슬라콜론에서 중국인의 수입을 두둑이 챙겨줄 만큼 장을 크게 봐왔다. 이슬라바스티멘토스의 상점 구실을 하는 건 오직 단 한 곳, 슬기로운 감옥 생활을 위한 준비였다.

이슬라바스티멘토스에서의 삶은 단순하다. 심플 라이프라고 하기에는 늘어진 고무줄 라이프다. 나무 바닥 사이 찰랑찰랑 물소리를 자장가 삼아 스르륵 잠든다. 눈을 뜨면 숙박객은 불어나 있다. 언제 체크인 했는지, 초인적인 순간 이동 수준이다. 그러나 익숙한 듯 "굿모닝!"을 한다. 언제 왔냐는 질문은 애초에 생략된 채, 원래부터 '같이 사는 사람'인 양 한 식구처럼 커피를 건넨다. 방 수에 비해 턱없이 부족한 욕실, 숙박객 수에 비해 참으로 간소한 부엌을 그 누구도 불평하지 않는다. 오히려 이런 불균형 속 균형, 부조화 속 조화가 안정적이다. 밤새 침대 밑에서 출렁이던 바다가 아량을 가르쳐준 건지도 모른다.

매번 늘어진 우리를 인공 호흡한 건, 주인 자규아가 채근한 한나절의 보트 나들이다. 보카 델 토로의 자랑거리인 이슬라바스티멘토스 해상 국립 공원에서 물장구를 친 후 레드프로그 해변에서 낮잠을 자는 게으름 절정의 투어다. 특히 국립 공원 안쪽의 '카요스사파티야스'는 맹그로브에 포획된 2개의 섬, 이 지역의 브로셔에 등장하는 얼굴 마담이다. 그곳으로 다가가는 폭이 줄어들수록 우리의 눈은 투

시 능력을 얻었다. 혁명적인 바다다. 바다는 이미 어항 속, 크리스털이 된 속내를 여실히 드러냈다. '사파티야스(Zapatillas)'는 본래 실내화를 뜻하는데, 현지인 사이에서는 이곳이 신이 하늘로부터 내려와 살짝 닿은 발로부터 창조되었다는 대체로 믿기 어려운 전설에 의지하고 있다. 어쨌든 현재 멸종 위기에 처해진 바둑 무늬 대모 거북(Hawasbill Sea turtle)의 산란처로서도 보호 대상감일 법했다.

보트의 기사는 가히 애국주의자다. 스노클링 도구를 던지더니 언어 장애라도 있는 줄 알았던 그의 첫마디는 '하지마' 투성이다. "산호초 만지지마." "너무 멀리 가지마." 조류가 심한 곳인 데다가 산호초 보호를 위한 방증이다. 바다 밖도 밀림, 바닷속도 밀림이다. 바다 안쪽은 유람하는 물고기보다 산호초의 축제다. 산호가 입을 가진 살아 있는 동물이란 사실을 호흡으로 배운다.

찰랑찰랑 나뭇가지형 산호가 몸치 댄스를 하는 가운데 사슴뿔처럼 붉게 올라와 숲을 이루더니, 꿈틀대는 불가사리 옆으로 송송 박힌 솔방울처럼 보랏빛 초원을 이룬다. 용암처럼 흘러내린 뜨거운 녀석도 있다. 신의 솜씨라고밖에 믿기 어려운 아트워크다. 우리는 거품을 물며 "뭐야, 벨리즈의 키코커도 별거 아니었네!" 한다. 한편, 이렇게 진화하는 눈이 무섭기도 하다. 앞으로 실망하면 어쩌지. 괜찮다. 여행하는 눈은 오늘도 호강 중, 고맙게도 여행의 건망증 역시 현재 진행형이다.

이슬라바스티멘토스
✈ *Isla Bastimentos*

 오늘의 저녁상은 초보 낚시꾼인 미국인 형제에게 어이없이 잡힌 4마리의 대어와 자규아의 요리 기술이 콜라보레이션한 세비체(라임즙에 재워낸 일종의 회)와 튀긴 생선 요리다. 갓 잡은 놈이 목구멍을 타고 들어오자 아빠 미소가 지어진다. 하늘에는 불이 나고 있었다. 노을은 세상의 모든 색을 제멋대로 바꾸고 있다. 소용돌이치듯 검붉은 태엽을 감던 하늘은 섬광을 땅으로 뿌린다. 그 사이를, 매주 토요일마다 동네 주민과 담합해 콘서트를 여는 자규아 밴드의 '삑사리'가 스쳐 간다. 우린 내일이면 고층 빌딩 숲인 파나마시티로 갈 것이다. 도시의 소염은 충분했다. 자, 이제 도시야 덤벼.

하필이면 오늘, 그가 사라졌다

파나마시티(Ciudad de Panamá)

"저기. 혹시 음, 남자고… 음, 머리카락은 회색 섞인 흰색이고… 아무튼 봤어?"
"어… 어? 뭐라고?"
"그니까 봤냐고."

다짜고짜 막무가내다. 난 호스텔 리셉션에 이상한 대책을 요구하고 있다. 동시에 자책도 하고 있다. 대략 혀는 국적을 잃고 심하게 꼬인다. 실종 전단지에 무엇이 필요할까. 이름, 나이, 사라질 당시 입었던 옷. 그런 것이 팽팽 머릿속을 맴돌았다. 중미에서의 마지막 날, 결벽증에 걸린 어느 고층 빌딩의 호스텔에서다. 지금 탕탕이 사라졌다.

시각은 오후 11시 반쯤, 우리가 있던 곳은 공용 거실이다. 파나마 운하를 비롯한 도시 요점 정리 여행을 마친 뒤, 나는 오전에 실패한 원고와 사진 전송이라는

파나마시티
+ Ciudad de Panamá

과중한 임무에 놓여 있었다. 탕탕이 몰래 말아준 진 칵테일로, 2G 세대로 돌아간 와이파이에 대한 화를 억누르면서. 역시 시간 앞에는 장사가 없다. "띵동, 전송되었습니다." 산을 정복한 듯 지화자 좋다 했다. 그런데 같이 노래 부를 탕탕, 어디 갔지? 중미에서의 '마지막', 남미에서의 '처음'을 위해 축배를 들 시간이기도 했다.

뭐, '자고 있겠지?' 생각했다. 몸이 있어야 할 도미토리 침대에 시트만 덜렁 있다. '아이고 이 양반, 방향 감각을 잃었나?' 남의 침대도 매의 눈으로 스캔하는데 그가 없다. '콧바람 쐬러 갔을 수도 있지.' 호스텔 앞 광장을 순찰했지만, 없다. 되레 벤치에서 자는 거지를 건드렸다가 코피 섞인 시비만 붙을 뻔했다. '우주적 망령이 들어 설마 다른 층에서?' 무릎이 걸리는 계단을 오르락내리락 모든 도미토리 룸의 불청객도 되었다. '아, 옥상이 있었지!' 깨알 쏟아지는 한 커플이 있다. 남자가 탕탕이길 바랐지만, 20년은 훨씬 젊다.

"혹시 프랑스 사람인데, 되게 수다쟁이고… 봤니? 아니 누구라도 봤어?"

"아니. 언제 사라졌는데? 뭐 나타나겠지."
"글쎄… 음… 더 끔찍한 건 우리 내일 볼리비아로 떠나는 날이야."
"와우, 행운을 빌어!"

나는 상상력이 풍부한 여자다. 먼지도 부풀려서 눈덩이로 만드는 주술사 수준이다. 많은 것이 나쁘게 커지고 있다. 혹시 바에서 말로만 듣던 약 탄 술을 얻어 마시고 뻗은 거 아냐? 아니면 퍽치기 강도에게 당한? 갑작스런 졸도? 어쩌다가 말문을 튼 프랑스 친구와 시간을 잊었다고 하면 좋겠다, 좋겠다.

리셉션의 스태프는 오후 11시 사이 바뀐 모양이다. 그 전 스태프에게 수소문하니, 탕탕을 투명인간 취급한다. 호스텔 CCTV 녹화분 요청에도 별 유난을 다 떤다는 반응이다. 어떻게 할까. 내 안의 긍정은 0%로 곤두박질친다. 아, 영화에서는 두 남녀가 같은 곳에서 서로 비껴가는 안타까움을 호소했지. 확률상 이 가능성마저 고려해 호스텔과 광장으로 다이내믹하게 고개를 돌리며 반복해 갔지만, 없다.

어느새 나의 침대다. 조명이 없어서인지, 나의 마음인지 앞이 캄캄하다. 아무래도 경찰서 신고를 하는 게 좋았다. 그리고 이 길로 나가라는 듯 문이 비스듬히 열

파나마시티
✦ *Ciudad de Panamá*

린다. 한 사내다. 익숙한 그 뒷모습, 백스텝을 하며 들어온다. 탕탕? 어디 있었어!

"나 밖에서 잠들었어."

"… (제비가 안 물어갔디?)"

영문을 모르겠다는 탕탕과 영혼이 빠져나간 뿌리다. 사는 게 코미디인 우리는 옥상으로 함께 올라간다. 내가 널 얼마나 애타게 찾았는지 설명하기에는 새벽 1시, 중미 여행을 종지부 찍는 날이기도 하다. 불빛으로 담아낸 시내는 발 아래 반짝반짝하다. 여기저기 전혀 다른 인생의 불빛이 잠들어 있다. 우리의 여행, 저 불빛을 수집하는 일이었다. 촘촘히 다른 인생을 예습했다. 가슴은 여전히 뛰고 있다. 그리고 아직 집으로 돌아가기에는, 걸어야 할 길이 남아 있다.

어이 내 편, 제발 오늘처럼 사라지지는 말아줘.